孝道作文選集　第二集

一般財団法人
孝道文化財団　編

◆孝道作文選集第二集発刊に寄せて

一般財団法人　孝道文化財団　理事長　李　貴史

人は誰しも幸福になりたいと願っています。個人の些細な出来事から、歴史を左右する重大な問題に至るまで、すべては結局、人間が幸福になろうとする営みにほかなりません。

ところが現実には、家庭崩壊、いじめの横行、自殺の増加、格差の拡大、環境破壊、世界各地における戦乱の頻発など、人間の幸福とはかけ離れた様々な問題を抱えています。

孝道文化財団は、百行の本といわれる孝道の振興によってこれらの問題を解決できると考え、創設以来、「孝道の振興で世界に光を」をスローガンとして、日本全国各地において孝道振興の草の根運動を展開してきました。

その一環として、「孝道作文コンクール」を実施し、作文を募集したところ、2021年には48通、2022年には368通、2023年は438通の応募に加えて香港・台湾からも多数の応募をいただき、その表彰式を当財団主催の「孝道文化国際大会」において毎年実施してきました。そして、この優秀者の表彰にあわせて、孝道奨学金制度を創設し、コンクールに入賞した優秀者を孝道奨学生として、孝道奨学金を支給することにしました。さらに、孝道奨学生とその家族や有志を対象にした孝道オンライン交流会を毎月一回開催して、毎回、講師によるお話をいただいた後にそれぞれの孝道の実践を含めた近況報告などを行うようにしたところ、孝道奨学生本人やその家族、有志を含めて毎回参加者が増え続けており、大きな手ごたえを感じています。

2023年度の孝道作文コンクール表彰式の際、2022年度の孝道奨学生たちが、孝道奨学金を受けた一年間を振り返って自分がいかに成長したかをメッセージ動画にして送ってくれました。それを拝見し、孝道奨学生たちが、孝道作文コンクール応募から始まり、孝道作文コンクールに入賞し、孝道奨学金を受け、孝道奨学生として一年間、毎月一回の孝道オンライン交流会に参加しながら、孝道実践をしていく中で、わずか一年で大きく成長していかれた姿に大変感動しました。

そこで、昨年までの受賞作品を厳選し発刊した『孝道作文選集』に続き、2023年度孝道作文コンクールの受賞作品を厳選し、選集第二集というかたちで継続して広く皆様にご覧いただき、孝道文化のすばらしさを共有することができればと考え、『孝道作文選集第二集』を発刊することになりました。昨年の『孝道作文選集』と今回の『孝道作文選集第二集』を通して、日本の美徳である孝道文化を取り戻し、立派な個人、幸せな家庭、豊かで平和な社会の実現の一助となれば幸いです。

巻末に2024年度の孝道作文コンクール募集要項を掲載しておりますので、内容をご確認のうえ、ご家族、知人、友人の皆様にもお知らせくださり、できる限りたくさんの応募をいただき、孝道文化普及のための草の根運動がますます大きな輪となって広がっていきますように願っております。

最後になりますが、本書の発刊にあたり、編集、翻訳、校正など、多くの方々の協力をいただき、本書を発刊することができました。ご協賛いただきました皆様にも、この場を借りて厚く御礼申し上げます。

◆親や祖先を大切にする「孝道」を広めましょう

植草学園大学 名誉教授／孝道文化財団 名誉講師 野口 芳宏

昔から長く親しまれている格言の一つに「孝は百行の本なり」があります。これは「人間の行いの一切は孝に基づく」あるいは「親に孝養を尽くすということが、人間のすべての行動を正しくする大本になる」という、非常に大切な教えを示したものです。それは、多くの格言の中でも特に勝れたもので、どんなに時代が変わろうとも、どこの、どんな国や地方に行こうとも、決して変わることのない、真理、原理を教えてくれる名言だと私は信じています。

現在、日本の社会では、この最も重要なことが忘れられつつあるように思われ、これは大変困ったことだと私は考えています。親を大切にするという「百行の本」が忘れられるということは、人々が行う全ての事柄が正しさや、良さや、美しさを忘れ、乱れたり、狂ったりすることになってしまうからです。人間としての、正しさや、良さや、美しさが忘れられ、人々の心や行いが乱れたり、崩れたり、狂ったりするという出来事は、子供の世界にも生まれ、広がり、日々の暮らしを不安なものにしています。例えば、楽しい筈《はず》の学校に行きたくても行けない不登校の子供が、少しずつ増えています。今年はそういう子供の数が「過去最多」になったと新聞では報じています。また、子供にとっては最も嫌で、恐ろしく、辛い「苛《いじ》め」も一向に減らないというのも残念です。

しかし、これらの事実は全て私は「孝行」の大切さに気づき、実践をする子供が増えれば解消すること間違いなし、と信じています。なぜかと言えば、「孝行」の正体、本質は「親に心配をかけない」ということだからです。親にとって子供ほど大切な宝は他にありません。親はいつでも子供が元気で素直であることを望み、願っています。だから、子供が熱を出したり、怪我をしたり、苛められたりすると、親はとても心配します。親は、いつでも、どこでも、我が子のことを心配しているのです。親にとって我が子は、まさに「子宝」だからです。

このように子供を大切に大切に育てて下さるお父さん、お母さんの愛や恩に対して、全ての子供は感謝の心を忘れてはなりません。「親に心配をかけるようなことは決してしない」と心に誓い、親に安心というプレゼントをする子供は、必ず幸せになります。立派な人になれます。

親への感謝を忘れず、心配をかけまいと考える子供は不登校にはなりません。きっと元気で毎日学校に通うことでしょう。

親への感謝を忘れず、心配をかけまいと考える子供は絶対に苛めなどはしません。それは、親に心配をかけることになり、親を悲しませることになるからです。

明治という時代は、もう百年以上も前のことになりますが、それは日本という国の夜明けとなりました。それまでの日本は、外国との付き合いを閉ざしていましたが、明治になると多くの外国人が日本に来るようになりました。その多くの外国人が、日本人の家庭や家族の絆の良さや礼儀の正しさに心を打たれたのです。とりわけ、親が子供を大切にし、子供が親を大切にしている姿に驚きました。

日本人ほど親への「孝行」を重んじ大切にする国民はいないと感心したのです。「孝」は、日本人の誇りであり、誉なのです。この美しい心をみんなで広げて行きましょう。

【目次】

◆孝道作文選集第二集発刊に寄せて
一般財団法人　孝道文化財団　理事長　李　貴史……2

◆親や祖先を大切にする「孝道」を広めましょう
植草学園大学　名誉教授／孝道文化財団　名誉講師　野口　芳宏……6

◆2023年度　四世代家庭賞受賞者のメッセージ
お母さん、ありがとう　鎌田　洋子……16

◆2022年度　孝道奨学生のことば

親孝行作文を書いて　大学一年生　牧瀬 媛花……20
親孝行作文を書いて良かった　高校二年生　柴田 祐成……21
兄弟が仲良く助けあうことが親孝行　高校一年生　平田 洪賢……22

◆2023年度　受賞作文

愛は長い糸　中学一年生　顧嘉 怡凡……24
私と妹の優しいお母さん　小学四年生　林 洵美……29
初めてのプレゼント　小学四年生　李 萌……33
孝　高校一年生　皮 文軒（香港）36
夏の成長　高校一年生　袁正（香港）48
父母へ捧げる言葉　中学二年生　袁 鍩霖（香港）54
あなたとの思い出　高校二年生　林 頎恩（台湾）58

あなたとの想い出　中学二年生　陳　星碩(台湾)…65
家族とのあれこれ　小学六年生　鄧　理真(台湾)…71
忘れられない日　高校一年生　神井　佑恩……77
支えてくれたから　高校一年生　白鳥　規継……80
ありがとう　高校一年生　伊藤　美香……82
親への想い　高校一年生　岡光　真寛……84
いつもありがとう　高校三年生　西原　昇悟……87
母に「ありがとう」と言いたい　中学一年生　鄭　梓涵……89
ありがたいの意味　中学二年生　前田　鈴弥……91
日常の中の感しゃ　中学二年生　金松　宗太……94
わたしの大切な物　小学四年生　渡邉　結生……96
お父さんが教えてくれたサッカーの魅力　小学五年生　神井　世俊……98
「生きる」親孝行　小学五年生　吉原　嵩志……101
愛の循環　小学六年生　鈴木　彩音……102
コソコソでも　小学六年生　今井　柚希……103

おとうさんとおかあさん　小学六年生　八瀬新大……105
親への感謝の手紙　小学六年生　大橋祈子……107
パパ・ママいつもありがとう　小学二年生　横川興世……110
たいせつなやさしさのあるパパ　小学二年生　並木誠円……112
ぼくのパパとママ　小学二年生　瀬谷啓斗……113
お父さん、お母さんありがとう　小学三年生　松本貫馳……114
おかあさんとおとうさんへ　小学三年生　正村陽愛……116
日ごろの感しゃ　小学四年生　山本ゆき……118
お母さんいつもありがとう　小学四年生　山本湊太……120
◆「孝道作文コンクール」募集要項……122
◆一般財団法人孝道文化財団……126

2023年度
四世代家庭賞受賞者のメッセージ

お母さん、ありがとう

鎌田 洋子

93歳になるお母さん、長生きしてくれてありがとう。

色々事情があり、小さい頃一緒にいることができなかったけど、苦しい時、大変な時、私の節目節目には、いつもお母さんがいてくれました。

私が高齢で子供が授かった時、不安な自分のそばにずっといてくれて、子供を見てくれました。

母も大変だったのに。

今も、あの時のことを思うと、有難くて涙が出ます。

畑や習い事などをして、とっても前向きな母の姿は、いつも安心できる存在でした。でも昨年、心臓の病気になり、入退院を繰り返し、その姿に直面した時、すごい不安に襲われました。

今度は、自分が母を支えなきゃと思いながらも、どうしたらよいのか、とても不安な思いで、母のそばにいました。

そんな私を見て、本当は母の方が不安なんだろうに、「大丈夫だよ」と言っていました。いくつになっても、子供を案じる母の姿をみながら、子供や家族が仲良く、幸せであれば、それが親には一番嬉しいことかなと思いました。

母は今、畑に木を植えていますが、実がなるまでには何年もかかり、母は見られないかもしれないのに、「なぜ植えるの？」と聞いたら、「未来に、この木や花を見て、力をもらう時があるかも、自分がそうだったから。

でも不要な時は切っても大丈夫、それはそれでいいんだよ」と話してくれました。

親と共にいつまでもいたい。

この思いは、いつの時代も変わらないと思います。

孝道は、人にそなわった、最も大切なものだと思います。

まだまだ学びたい事があるので、もっと長生きしてほしいです。

親の愛は永遠です。

お母さんありがとう。

2022年度　孝道奨学生のことば

親孝行作文を書いて

大学一年生　牧瀬 媛花

私は昨年初めて親孝行作文を書きました。思い出を振りかえりながら作文を書いていく中で、両親に私は本当に愛されて育てられてきたんだということを実感し、感謝の気持ちでいっぱいになりました。

同時に親を喜ばせるために、自分は何ができるのか考えるきっかけにもなりました。去年大学受験をして毎日ほとんど家にいなかったので大したことはできなかったけど、まず私にできる親孝行は大学に合格して親を喜ばせることだと思い、毎日勉強を一生懸命頑張りました。

また、疲れている両親の体をマッサージしたり、ちょっとしたお手伝いをしたりしました。作文を書いたことでより親を思う気持ちが強くなったと思います。この気持ちを大切にして、これからも親孝行をしていきたいと思います。

皆さんも是非書いてみてください。

親孝行作文を書いて良かった

高校二年生　柴田 祐成

２０２２年の孝道作文コンクール中部大会に参加した柴田祐成です。この作文を書いていく中で、こういうことで親に助けてもらったなぁ、与えてもらったなぁと多くのことに気づくことができました。この作文で最優秀賞を頂いて、親だけでなく、中国の親戚の方々や、特に祖母が涙を流して喜んでくれていました。

祖母は母を遠い日本にお嫁に行かせるのをとても心配していたらしく私の親孝行作文を通して母が日本で幸せな家庭を築いていると知り、安心したと言ってくれました。その話を聞いて親孝行作文を書いて良かったと思いました。

作文を書いてからこの一年、家の手伝いを積極的にやるようになりました。これからも親孝行をたくさんしていきたいです。

兄弟が仲良く助けあうことが親孝行

高校一年生　平田　洪賢

僕は孝道奨学生として勉強会を通し、様々な講話を聞いてきました。現役東大生の話や、学校の先生、ＮＡＳＡのミッションに携わる先生、南米ボランティアの青年の話など、どれも面白くて感動しました。

親孝行と聞くと、僕は自分が立派な人間になって苦労や心配を掛けた親に楽をさせてあげることだと思っていました。でも、１年間色々な人から学んで、１番の親孝行は結局、兄弟が仲良く助け合うことなのではないかと考えるようになりました。（家庭を拡大すると、この地球星になります）。だから、この地球の様々な紛争問題を解決する仕事に携わることが、今の僕の目標です！

僕は、親孝行の作文をきっかけに、沢山の方々に出会うことができました。皆さんも、是非作文を書いてみてください。

2023年度　受賞作文

愛は長い糸

中学一年生　顧嘉 怡凡

夕日は絵のように美しく、人の影が細長くなります。バルコニーに立って外を眺めると、急いで歩く通行人や遊んでいる子供たちの額に夕日の光が染みていました。その中に遠くから歩いてくる人影がありました。遠くて顔はよく見えなかったけれど、その歩き方で私はそれが帰宅するお母さんだとわかりました。私は急いで下に降りてお母さんのところに駆け寄り、重い荷物を手に取りました。

そよかぜが通り過ぎ、夕日の下で私の影とお母さんの影が大地のキャンパスに肩を並べ、上着の前裾をめくりあげました。お母さんは片手で髪をそっとまとめ、私を見つめ、走りながらボールを投げている子供たちを片手で指差しながら言いました。「ほら、あなたも小さい頃は、やんちゃでかわいかったのよ」。子どもたちの嬉しそうな声を聞きながら、私は子どもたちを見て、またお母さんを見て微笑み、「そう、今はお母さんより背が高くなったわね」と言いました。帰りの道で私は夕日に照らされたお母さんの姿を見ました。月日は容赦なく過ぎ、お母さんの髪は白くなり、腰も少し曲がっていました。私は、毎日疲れて帰ってきても私を膝の上に高く抱き上げて、絵本を読んでくれたお母さんのことを思い出しました。その声は時には軽やかで、時には重みがあり、面白い話に溢れていました。お母さんの懐に寄り添ってお話を聞くのが、子供の頃の私にとっては一番幸せなひとときでした。

そのとき、お母さんを見ると、目尻の皺が斜陽に照らされ、周囲の夕陽と溶け合ってキラキラと輝いていました。お母さんは少しハスキーな声で今日の授業であった面白い話をしてくれました。その瞬間、私は自分がいつの間にこんなに速く成長したのかなと感じました。時間は本当に白馬が駆けぬけるようなもので、私は思わず、片手に重い荷物を持ちながら、もう片方の手でお母さんの腕をつかまずにはいられませんでした。お母さんも私の手に自分の手を添えてくれました。

家に帰ると、お母さんはお父さんに「今日、下に迎えにきてくれたんだよ。娘がいてよかったね」と言いました。「大したことないよ。私が子供の頃、お母さんも私を連れておばあちゃんを迎えに行ったりしたよね」と私は言いました。母はとても感慨深い表情で私を見つめて微笑んでいました。

かつてお母さんは面白い話で私の心に親孝行と親を敬う種を蒔き、自ら実践して親孝行を教えてくれました。何年も経って、私はほとんど何もしていませんでしたが、お母さんは子羊が乳房に跪き、からすが餌をやり返すことの本当の意味を理解させてくれました。『北風が吹くとき』の中で葉青城が言ったように、両親の愛は長い糸であり、私たちの日常生活を常に背後で心配しています。でも多くの人はその糸を保持している一番先に一組のどんどん老いていく手があるということを忘れています。私がみんなに言いたいのは、この長い糸を手繰り寄せて、父母の無私の供与に対して恩返しをしてください、ということです。どんな小さなことであっても、父母にとっては最高の親孝行だし、さらに言えば私たちが成長して御恩に感謝することを理解したしるしなのです。

爱是一根长线

初中一年级　顧嘉怡凡

夕阳如画，身影颀长。站在阳台的我向外望，霞光将一朵朵绯红染于匆忙行走的路人和正在玩耍的小朋友们的额头。远远走来一个人影，即便离得很远，看不清容貌，看她走路的身影，我也知道是我的妈妈回家了。我连忙跑下楼，冲向妈妈，接过她手中重物。

一阵微风略过，夕阳下，我的影子和她的影子在大地这张画布上并肩扬起了衣角。妈妈一手轻轻拢着头发看着我，一手指着旁边一边奔跑一边扔着球的小朋友说："你瞧，以前你小不点的时候，也是这么调皮可爱。"听着小朋友们的开心呼喊，我看看小朋友又看向妈妈，笑了笑，说："是啊，现在我都比你高了呦。"往家走的路上，我看着夕阳里的妈妈，不饶人的岁月悄悄白了妈妈的发，弯了妈妈的腰。曾经记忆里那个每天回家略带疲倦却仍然把我高高抱起放在腿上，一字一句给我读故事的妈妈，总是用她好听的声音给我的房间里平添一份愉悦。声音或轻或重，伴随着有趣的故事溢散开来。是的，依偎在妈妈怀里听故事，那是小时候的我感到最幸福的时刻。

而此刻，我望向妈妈，妈妈眼角的皱纹被斜入的夕阳照亮，与周遭的夕阳融合成一道闪耀着的明媚，用略带沙哑的声音跟我讲着她今天上课时遇到的趣事。

这一刹那，我突然感到我怎么这么快就已经长大了，时光真的如白驹过隙驰骋而去，我不禁一手拎着重物，另一只手挽住妈妈的胳膊，而妈妈也把她的一只手搭在了我挽着她的手上。

回到家，妈妈告诉爸爸，说我今天下楼接她回家，有姑娘真好。我说：“这没什么，你不是也在我小时候，带着我总这样接姥姥回家吗？”妈妈看了看我，目光无比深邃，然而，嘴角，却如我一样，微微轻扬。

曾经，妈妈用有趣的故事在我心底撒下孝敬父母的种子，用身体力行教育我对孝敬的理解，时隔数年，虽然我做的很少，却让我体会到羊羔跪乳，乌鸦反哺的真正含义，正如叶倾城在《北风乍起时》中所说，父母的爱是一根长线，在我们身后时时刻刻记挂着我们的冷暖，但很多人都忘记了，持着线的那头还有一双越来越衰老的手。我想告诉每个人，请牵起这根长线，回报父母无私的给予，尽管做一点点小事，也是对父母最好的孝敬，更是我们成长懂得感恩的印记。

私と妹の優しいお母さん

小学四年生　林 洵美

　私と妹には美しくて優しいお母さんがいます。お母さんは毎日家事をしてくれたり、私に勉強を教えてくれたりします。

　私は母の日にお母さんのお手伝いをしてお母さんに喜んでもらいたくて、何がいいかなと考えてみました。私はお母さんにマッサージと家事の手伝いをすることにしました。お母さんが仕事から帰って来ると、私はまず洗濯をして、洗濯物を干して、乾いた衣類を取り込んで、綺麗に畳みました。それから部屋とトイレの掃除をしました。最後にお母さんを柔らかいソファーに座らせて肩をマッサージしてあげました。マッサージをしながら私とお母さんはよもやま話をしながら、旅行の話になりました。そして、私たちはやはり中国に帰るのが一番いいということになりました。なぜなら中国は私たちの故郷でもあるし、美味しい食べ物もたくさんあるからです。私たちは毎年冬休みには中国に帰ります。母方父方の実家に帰ると母方のお爺ちゃんとお婆ちゃんはいつも美味しい料理をたくさん作ってくれます。私がお婆ちゃんに会いたいと言うと、お母さんもお婆ちゃんに会いたいと言いながら、すぐにビデオ電話をかけました。電話を切った後、私とお母さんは今年の夏休みもお父さんと一緒に母方のお爺ちゃんお婆ちゃんのところに行き、父方のお爺ちゃん、お婆ちゃんのところにも行こうということになりました。話している間、私の小さな手はお母さんの肩をずっと揉んでいました。妹は私がお母さんの肩を揉んでいるのを見て、お父さんを呼んで来てお父さんの肩を揉んであげました。私と妹は誰がマッサージを上手にできるか競争をしました。私は全力を尽くしてマッサージをしました。するとお母さんが「本当に大きくなったね。手の力が強いね」と言ってくれました。私はお母さんに「気持ちいい？」と聞きました。お母さんは「うん、とても気持ちがいいわよ」と言ってくれました。すると妹もお父さんに「私の力も強いでしょう？　私も成長したでしょう？」と聞きました。お父さんは笑いながら「そうだね。力が強くて肩が痛くなったよ」と言いました。私たちはみんなで笑いました。

今日は色々お手伝いをしてお母さんがすごく喜んでくれました。私も嬉しかったです。私はお母さんが毎日このように喜んでくれることを願っています。

我和妹妹的好妈妈

小学 四年级 林 洵美

我和妹妹有位漂亮的好妈妈，她每天都在家干家务和教我学习。

母亲节这天，我想帮妈妈做一点事情，让妈妈高兴高兴。想了想。我决定帮妈妈按摩和干家务活。妈妈下班回家后，我先帮妈妈洗衣服，然后晒衣服，还有把晾干了的衣服收回来。折叠整齐。然后我帮妈妈打扫房间和收拾卫生。最后我让妈妈坐在软软的沙发上我给她按摩肩膀。按摩的时候我和妈妈聊天，说起旅行的事情。然后我们都觉得回中国旅行最好。那里，不但是我们的家乡。而且还有很多美味的食物。我们每一年放假的时候都要回中国。回我的外公外婆还有爷爷奶奶家、外公外婆每次都给我准备很多很多好吃的。我说我想外婆了，妈妈说她也想自己地妈妈了，于是马上给外婆打了视频电话。挂了电话，我和妈妈商量好今年暑假也会和爸爸一起。回外公外婆家。也要去看看爷爷奶奶。一边说，一边我的小手在妈妈的肩膀上锤来锤去。妹妹看见我给妈妈按摩肩膀，也把爸爸拉过来，说要给爸爸按摩。我和妹妹进行了比赛。看看谁是按摩小能手。我使出了全身的力气。妈妈笑着说："你真是长大了，力气变大了不少。"我问妈妈："按摩的舒服吗？"妈妈说："实在是舒服极了。"妹妹也赶紧问爸爸："我的力气大不大，我有没有长大呀？"爸爸苦着脸说："有！有！都把我锤疼了。"我们几个人哈哈大笑。

今天我帮妈妈做了好多事情。妈妈很开心，我也很开心。希望妈妈每一天都能这样高高兴兴的。

初めてのプレゼント

小学四年生　李　萌

私が小学校一年生の時、学童保育には手芸教室がありました。毛糸は私たちが用意して、道具は先生が用意してくれました。先生の指導のもと、私はすぐに覚えられて、自分で編むことが出来ました。その時私が一番やりたかったのは、クリスマスの前に私が一番大好きなお父さんとお母さんにあげる暖かくて綺麗なマフラーを編むことでした。

私はまず家の向かい側にある１００円ショップに行ってお母さんのマフラーに使用するピンクの毛糸を買いました。毎日学童に行くと、ランドセルを置いて、すぐ席に座ってマフラーを編みました。できれば遊ばずに、とにかく早く完成させたかったのです。毎日少しずつ出来上がってくるマフラーを見ながら、お母さんがマフラーをもらって喜ぶ姿を想像すると、手は止まらなくなりました。二週間の時間をかけてようやくお母さんのマフラーが出来上がりました。

次に私は１００円ショップでお父さんに納戸色の毛糸を選びました。毎日マフラーを編む時間は学童での二時間しかなかったので、急がなければなりませんでした。お父さんのマフラーはお母さんのより長かった為、三週間くらいかかりました。私は心を込めて編んだマフラーをクリスマスのプレゼントとして両親にあげました。これは私が初めて長い時間をかけて手編みしたもので、初めて両親にこのような正式なプレゼントをしました。両親はとても喜んでくれて、ひとしきり私の成長を褒めてくれました。私も両親の笑顔を見ることができてとても嬉しかったです。

両親が私を愛しているように、私もお父さんお母さんを愛しています。私はできる限り両親を愛し、親孝行をしたいです。

第一份礼物

小学四年级　李萌

小学一年级时，学校的学童保育里有手工课。我们准备好毛线，老师帮我们准备好工具，在老师的指导下，我很快学会了。接下来，就可以安安静静的织了。那个时候，我最想做的事就是赶在圣诞节前，给我最最亲爱的爸爸和妈妈各织一条温暖，美丽的围巾。

我先去家对面的百元店给妈妈买了粉色毛线。每天放学到学童，放下书包，就坐到自己的座位上不停地织。我尽量不去玩，就想着快些织完。每天看着围巾一点点变长，想象着妈妈收到后开心的样子，就不想停手。妈妈的围巾我花了两周时间才织完。

接下来，我又在百元店里给爸爸选了灰蓝色的毛线。因为我每天只有两个小时可以织，所以必须要加快。爸爸的要再长一些，大约用了三周时间。终于赶在圣诞节前织完了。

我把用心织好的两条围巾作为圣诞礼物，送给了爸爸妈妈。这是我第一次花这么长时间做手工，也是第一次这么正式地送给爸爸妈妈礼物。他们很高兴，一直夸我长大了。看着他们的笑脸我也很高兴。

我爱我的爸爸妈妈，就像他们爱我一样。我会力所能及的爱他们，孝顺他们。

孝

高校一年生　皮文軒（香港）

孝という字は、子どもが歳を重ねて腰が曲がった老人を背負っているような形をしています。古くから、孝道は中国社会における道徳的規範であり、私達の胸に深く刻まれている教えでもあります。

しかし私にとって、孝は常にあやふやな雲のようで、具体的な形を掴みきれず、どのように表せばよいのか分かりません。

もしかすると、私は生まれつき繊細で複雑な感情をあまり持っていないのかもしれません。特に小さかった頃、私にとっての孝は一枚の真っ白な紙のようにさっぱり分からないものでした。当時はまだ幼稚園に通っている時で、エビを食べるのが大好きでした。食卓に美味しそうな焼エビが出るたびに、全く同じ光景が広がりました。母の前にはエビの頭と殻が大量に積まれ、新鮮なエビの身は全て私の口に飲み込まれてしまうのです。なぜかは分かりませんが、当時の私は本気で母はエビの殻を食べるのが好きなのだと思っていました。そうでなければ、山になるほど積まれていくのがなぜなのか、説明がつかないと思っていたのです。幼い頃の私は、この事をそっと心のなかにしまっていました。

幼稚園で誕生日会が行われたときのことです。皿いっぱいのエビが目に飛び込んできました。眼の前に静かに横たわるエビたちを見ながら、食べたいけれどどうしていいかわからない私は、先生に手伝ってもらわなければなりませんでした。当時はまだ、母のひたむきな無私の愛故に、一口、また一口と私が楽しくエビを食べる背後で、母が自らを犠牲にしていることに気づいていなかったのです。私は食べながら、小さな頭を使ってどうしたら積まれているエビの殻を持ち帰れるか考えていました。ようやく先生がお手洗いに行くタイミングで、私はエビの殻をカバンにサーッと入れると、期待を胸に隠しながら下校を待ちました。

先生とお別れしたあと、私はロケットのごとく幼稚園を飛び出して、門で待つ母に駆け寄りました。母の手を引きながら隅っこによって、待ちきれずにカバンを開ければ、鼻をかすめるのは腐った匂い。カバンの中の臭く黄色くなったエビの殻を見ながら、私の目からはらはらと涙の粒が溢れ出てきました。母は優しく何があったのかを尋ねました。私はしゃくり上げ、泣きながら説明しました。話を聞き終えた母は何も言いませんでした。ただ目だけが赤くなって、その様子から母は臭いエビの殻は嫌いだったんだと思い込んだ私は更に激しく泣いてしまったのでした。

考えが成熟するにつれ、私はようやく自身の意図せずに行った行動、親に孝行したいという子供心が母を泣かせてしまったのだとわかりました。しかし、私の幸せのために重荷を背負いながら前進する母の、永遠に変わることのない三春暉（訳者注：中国唐代の詩人孟郊が親の愛の深さを読んだ詩「誰言寸草心　報得三春暉」の中の言葉で、親の不変の愛情を指す）と比べてみれば、私の行いは孝行と呼べるでしょうか。これが本当に孟郊の詩にある「一寸の草の心」でしょうか。

これが私の人生において、初めて孝とはなにかに気づいた出来事です。

その後中学生になった私は、徐々に母が最も望まない姿になっていきました。計画性のない、上昇志向もない、ただ好き勝手に過ごす子どもにです。私の目には、規則に従いお行儀よく生きる人生なんて味気ないつまらないものに見えていました。自分の性分に従って、感じることに重きをおく人生こそ真に価値あるものだと思っていたのです。

ある日の国語の授業で、先生は魯迅の「朝花夕拾」を教えてくれました。その中で魯迅が幼い頃に読んだ「二十四孝図」という本が出てきます。この物語は、郭巨という人が母に孝行するため、自分の愛する息子を埋葬したという話です。

この後、「孝」に対する疑問が心に残り続けました。何をもって「孝」と言えるのか。金銀財宝を手に入れ、高給取りの高官になることだろうか。金山銀山を手に入れ、豪奢な生活を送ることだろうか。それとも、自らの手で何かを埋めることだろうか、郭巨がそうしたように。

その日、私は再度、孝とはいったい何かを理解することになりました。

夏休みの期間、遊びまくると決めていた私は友達と朝早くから出かける予定でした。気ままな私は、休みとは自由に楽しく過ごすためにあり、学習のストレスから開放されてこそ、更に良い状態で勉強ができると考えていたのです。でも、母はそう思っていませんでした。私に内緒で三科目も補習塾を申し込んでいたのです。もともとゆっくり過ごせるはずだった休みの予定は、塾でいっぱいになっていました。まるで晴れ渡る空に突然響く雷鳴のように、この知らせは私と母を繋げていた最後の一本の線を断ち切ってしまったのです。その日家を出る前、私は母と大喧嘩をしました。心を痛め頭を抱える母を見て、一瞬だけ迷い、遊びを犠牲にして喜ぶ母の姿が脳裏をかすめましたが、即座に否定する自分がいました。私は郭巨ではないんだ、と。身を翻して、冷たい後ろ姿を母に残して私は行きました。

ちょうど楽しく遊んでいた時です。母から電話がかかってきました。朝の喧嘩を思い出した私は、数秒迷ってからようやく電話を取りました。聞こえてきたのは母の弱った声、そして軽い咳でした。「何時に帰ってくる？少し早く帰って来られないかな？」母が申し込んだ補習塾を思い出した私の心は苛ついていました。「様子見て、出来たらね」適当に数言返して、私は電話を切りました。携帯をしまったときには先程の疲れた様子の母の声など忘れていました。

家に帰ったのは深夜のことです。扉を開けても、母から声をかけられません。台所には熱々の鶏肉スープはなく、部屋にもいつも準備してくれるお湯がありません。はっと気づいた私は部屋の奥へと進みました。母が顔をしかめて横たわって、こぼしてしまったグラスを拾おうと手を伸ばしていました。心に震えが走り、慌てて母の体を支えました。体に触れて、母が病気だと分かりました。その瞬間、脳裏に蘇ったのは電話での衰弱した母の様子で、後悔の念が洪水のように一瞬で私を飲み込みました。私は慌てて薬局に走りました。道すがら私は自分を責め続けました。自分の身勝手で母を失望させ、楽しさに浸っていたせいで母の異常に気づけず、これを「孝」と言えるだろうか。これが孟郊が詠んだ「一寸の草の心」だろうか。違います。

夜遅く帰る度に、お風呂のお湯と湯気が立つ鶏肉スープを用意してくれる。風邪をひく度に、いろいろと面倒をみてくれる。生理が来る度に、胃を温めるために砂糖水と湯たんぽを用意してくれる。毎晩眠りにつく度に、布団と枕から匂うお日様の香り…。こうした目に留まらないような小さなことに母の愛がこんなにも溢れていたなんて。私は知らぬ間にこのような愛を享受していたのにも関わらず、鋭利な言葉と冷たい後ろ姿で母を傷つけてしまったのです。

家に帰って薬を飲む母を見ながら、私の心は惨めな気持ちでいっぱいでした。母はそんな私を見抜いていたのか、私が口を開くのを待ってくれました。「お母さん、ごめんなさい」私は不安から両手を重ねました。「お母さんに向かってあんなに怒るべきじゃなかった。私も自分の問題が分かったの。明日からはちゃんと補習塾に行くね」。心の中で、ボンと何かが落ちる音が聞こえました。それは、母との喧嘩の中で、ずっとこだわり続けた自分のポリシーでした。でも、今や郭巨と同じように、私は母が良しとしない身勝手さを手放すことにしたのです。顔を上げれば、母の疲れた笑みが目に飛び込んできました。

その夏休みは、以前のように遊んでばかりの私ではなくなりました。遊びたいという自身の身勝手さを手放してこそ、母の心配を減らし、母が願う計画性のある人生に合わせることができるのだと、少しずつ理解できるようになったのです。

孝の意味とは、財産を基準に量るものではなく、子女として両親と相反する何かを捨て去ることになったとしても、執着している自我を喜んで犠牲にできるということです。このような犠牲は簡単ではありません。しかし、母の静かに万物を潤していく春の陽光のような愛と比べればとても微々たるものです。孝という字は、確かに子どもが年老いた老人を背負っている形をしています。それでも、子どもが先に望んで腰を折らなければ、その高さから見られる事柄を手放さなければ、老人と同じ高さまで低くならなければ、安定して老人を背負い先に進むことは出来ないのです。

孝

香港　高校一年生　皮文軒

孝，其字形好似一個孩子攙扶著被歲月壓折了腰的老人。自古至今，孝道都為中國社會的道德典範，而它也同樣深深的烙印在我心中。

但孝對我來說始終是團模糊的雲，摸不清具體的形，更不知曉如何表達。也許我天生就沒有太多細膩複雜的情感，尤其小時候，孝於我而言懵懂的似一張純淨的白紙。那時尚在幼稚園，酷愛吃蝦。每每飯桌上出現了美味的烤蝦時，結果總是相似的——蝦頭和蝦殼成堆成堆地在媽媽面前，而鮮嫩的蝦肉則全部由我吞下。不知怎的，當時的我直認為媽媽喜歡吃蝦殼，不然又如何解釋堆積的小山呢？幼小的我，就默默地記在心底裡。

那次幼稚園舉行生日會，一整盤的烤蝦映入眼簾，看著他們靜靜的躺在我面前，我想吃卻又不知從何下手，只能找了老師來幫忙。當時的我還沒能意識到是媽媽默默無私的愛為我一次又一次吃蝦的快樂而犧牲了自己的口福。我一邊吃一邊動用小腦袋盤算著用甚麼法子將那堆蝦殼捲走·終於趁老師去了洗手間·我將那些蝦殼〝唰〞地席捲入書包，懷揣著小心思等待放學。

跟老師們道別後，我火箭般的衝出校園直奔向於門口等待的媽媽。拉著她走向一旁的角落，迫不及待地打開書包，撲鼻而來的卻是一陣臭味。我看著包內發臭泛黃的蝦殼，眼睛眨巴眨巴地擠出淚珠，媽媽溫柔地問發生了什麼，我抽噎著向她解釋。聽完後媽媽沒有說什麼，只是紅了眼，我誤以為媽媽嫌棄臭哄哄的蝦殼，哭得更兇了。直到我思想逐漸成熟，才漸漸曉得讓媽媽掉淚的是我無心造就的寸草心。但比起為我的幸福負重前行的是媽媽一如既往恆久不變的三春暉，這可以被稱為孝嗎？這真的是孟郊筆下的寸草心嗎？

這是我人生中第一次意會到孝是什麼。

後來升上了中學，我逐漸長成了媽媽最不希望的樣子——一個沒有前途規劃，沒有上進目標，只想隨性做喜歡的事情的孩子。在我看來，循規蹈矩一板一眼的人生即枯燥又味，而順著性子，以感受為主的人生才有真正的意義。

一次中文課上，老師教授了魯迅先生的《朝花夕拾》。其中提到先生小時候曾讀過一本《二十四孝圖》，有一個故事講述的是一位名叫郭巨的人，為了孝順母親，將自己的親兒子給埋葬了。

這之後，對於〝孝〞的問號便一直在我心中飄蕩。怎麼樣算盡孝呢？一定要金銀財寶高官厚祿嗎，一定要金山銀山錦衣玉食嗎，還是說，一定要親手埋掉一些東西呢？正如郭巨這樣。

直到那一天，我再次了解到孝是怎麼一回事。

暑假期間，貪玩享樂的我早早便和朋友約著出門，隨性的我認為假期就是應該放縱，學習壓力需要釋放才能有更好的學習狀態。但媽媽卻不這麼認為。她偷偷為我報名了三科補習班，將我本該好好放鬆的假期塞得滿滿當當。這如旱天雷一般的消息，將我和她最後的一絲連繫也徹底地的劈開來。那天出門前，我和媽媽大吵了一架。看著媽媽痛心疾首的樣子，我猶豫片刻，腦中閃過犧牲玩樂讓媽媽滿意的念頭，卻又被我迅速否定了。我，始終不是郭巨。我轉身就走，留給母親一個冷漠的背影。

正在我玩的開心時，媽媽的電話打來了。想到早上的爭吵，我遲疑了幾秒才接起電話。傳來的是媽媽虛弱的聲音，還有幾聲輕輕的咳嗽，〝你幾點回來啊，能不能早一點？〞想到媽媽報的補習班我心中一陣煩躁。〝看時間吧，我盡量。〞隨意敷衍了幾句我便掛斷了電話。放下手機便忘記了剛剛媽媽疲倦的嗓音。

待我回到家已經夜深。進門沒有媽媽的問候；廚房裡沒有熱騰騰的雞湯；房間裡沒有早早放好的熱水。“嘭”！我察覺不對，向房間裏走去。看到媽媽皺著眉躺著，伸手想撿起碰翻的水杯，我心中一顫，趕忙扶起媽媽，一摸，媽媽生病了。腦中瞬時回想起那通電話時媽媽的虛弱，悔意如潮水瞬間淹沒了我。我慌亂地衝向藥房，一路上我不停責問自己，因為自己的隨性而讓媽媽失望，因為沈浸於快樂而沒察覺媽媽的異常，這些可以稱“孝”嗎？這是孟郊筆下的寸草心嗎？答案是否定的。

每次晚歸時備好的洗澡水和冒著熱氣的雞湯，每次生病時細緻入微的照料，每次經期時暖胃的紅糖水和熱水袋，每晚入睡時有陽光香味的被褥和枕頭……在這些不起眼的細節中早就被媽媽注滿了愛。我無知 地享受這份愛，卻也一邊用鋒利的言語和冰冷的背影傷害著她。

回到家中，看著媽媽喝下藥的我心中充滿內疚。媽媽似是看出我的心事，等待著我開口。“媽媽，對不起。”我雙手不安的疊在一起，“我之前不應該那樣對你發脾氣，我也明白了自己的問題。我明天會去上補習班的。”聽到心中有什麼東西碰的一聲落地，是一直以來在與媽媽的爭吵中我所堅持的自己的原則。但如今我決定像郭巨一樣，埋葬媽媽所不認可的隨性。抬眼，映入眼簾是媽媽疲倦的微笑。

那個暑假我沒有再像之前似的貪玩。我也漸漸明白只有我埋藏了自己那份愛玩的隨性，便能讓媽媽少操心，才能迎合媽媽心中有規劃有安排的人生。

孝的意義為何，不是以錢財作為衡量標準，而是作為子女或許要埋葬一些與父母相悖的東西，甘願犧牲執著的自我。這樣的犧牲是不容易的，但與媽媽潤物細無聲的三春之暉相比卻是極其的微小。孝，這字形確似一個小孩攙扶著一位年邁的老人。然而，這孩 子必須先甘願卑微的折下腰，放下在那個高度的一些事物，低下與老人齊平，才能穩當的背著他前行。

夏の成長

高校一年生　袁正（香港）

数年前の夏、私は台湾で大きな事故に遭った。

意識が戻った時には、生命維持装置から発せられる規則正しい音がツーツーと聞こえるだけだった。１秒前までは2段ベットにいたはずなのに、どうして病院にいるんだろう？　両親がそばでぐっすり眠っており、真っ黒な目の下のクマから疲れが見てとれた。起こさないようにと、コールボタンを押して小さな声で看護師に知らせた。自分を呼ぶ母の柔らかな声が耳に伝わってきて、ゆっくりと体を起こした私が話す間もなく、母は私のことをギュッと抱きしめていた。母は一言も発することなく、あふれる涙が水晶のように一粒一粒服に落ちていった。その顔には久しく見ることのなかった笑顔が浮かんでいた。

その後知ったことだが、私は二段ベットで遊んでいた際に誤って落下し、脳震盪を起こしてしまったため、数週間病院に入院する必要があるとのことだった。

入院している間、いつものように両親から叱られるだろうと思っていたが、実際はそうではなかった。始めの間、機能がまだ回復しておらず寝たきりだった私が退屈しないようにと、両親はいっしょに遊んでくれ、読み聞かせをしてくれ、夜遅くまでベッドのそばで見守ってくれた。お腹が空けば、りんごのすりおろしを、むせたりしないようにと一匙一匙食べさせてくれた。体を洗いたいときは、父が車椅子を押して浴室まで連れて行ってくれ、わざわざ背中を洗ってくれ、服も着せてくれた。自分ひとりで生活できない期間、両親はこんなにもたくさんのことをしてくれたのに、一言の恨み言も、見返りを求めることもなかった。

この期間、私はずっと疑問に思っていたことがある。「私の世話をするために、両親は仕事に行けていないんじゃないか」と。

ある日の夕方、公園を散歩しているときに父に尋ねた。父は飄々とこのように答えてくれた。「息子よ、おまえは私達にとって、大切な宝物なんだ。自分の息子になにかあれば、たとえ離職のリスクがあろうとも、私もお母さんも必ず仕事をやめて面倒を見に行くよ。他のことはすべて重要ではない。一番重要なのは、我が息子が健康に生きていくことなんだ」。この言葉は、私の心の琴線に触れ、涙がこぼれるのを抑えられなくなった。夕日が差し込む中で、私は父の懐に倒れこみ、暖かい感覚は身体を包み込んだ。涙が出て止まらなくなった。

振り返ってみれば、生まれてから今日まで、両親は絶えず育ててくれ、勉強できるようにしてくれ、遊びに連れて行ってくれた。それなのに、私はしょっちゅう母の小言に文句を言い、父の叱責を嫌ってきた。本当は両親こそが、無条件に私に尽くし、私のために動いてくれていたのだ。心のなかに、恥ずかしい気持ちが段々と湧いてくる。恥ずかしいことに、幼かった私は親孝行したり、両親に育ててくれた恩を返したりするどころか、両親にいつも文句を言っていた。

お父さんお母さん、私を育てるためにたくさんの苦労をしてきたことを知っています。あなた達が半生を私に捧げてくれたように、私も私の時間を捧げて二人の面倒を見ますので、どうぞ安心して残りの生涯を過ごしてください。「羊有跪乳之恩，鴉有反哺之義（子羊は膝を折って乳を飲むことで、子ガラスは口移しされた食べ物を吐き戻して返すことで、親への感謝を表している）」と言われるように、たとえこの先どんなことが起こったとしても、私も同じようにお父さんお母さんのことを第一に心に留めおきます。何か願いごとがあれば、私が必ず果たしてみせます。会いたいと言われれば、必ずどこにでも駆けつけます。私が落ち込んだとき精一杯慰めてくれたように、私もこれからもっともっと二人のことを大切にします。どうしてここまでするのか。それは、私が何としても両親の恩に、私が千回万回尽くしたとしても足りることのない恩に応えたいからです。

「父母がいる時はまだ拠り所があるが、父母が去ってしまえばただ帰途のみが残るだけだ」と言いますが、まだ時間が残されている今こそ、親孝行に励み、両親が残りの生涯を健康に安心して過ごせるようにしようと思う。

夏天的成長

香港 高中一年級 袁正

數年前的某個夏天，我在台灣遇上了嚴重事故。

回過神來，只聽見維生儀器發出有規律的嘟嘟聲。明明上一秒我還在雙層床上，為何現在在醫院呢？看見父母在我身旁熟睡著層層黑眼圈展露著疲態，為了不打擾他們，我只好輕聲用傳呼器告訴姑娘。「兒子？」母親溫和的聲音傳入耳中，我緩緩起過身來，還未說話，母親早已緊緊擁抱著我。她一言不發，一粒粒水晶滴在衣服上，臉上露出了良久不見的笑容。

後來得知，我因貪玩在雙層床跌下而腦震盪，需要留院數星期。

留院期間，總覺得父母會像以往般痛罵我一頓，但他們沒有。初時，機能未恢復，只能躺在床上，父母怕我悶壞，總會陪我玩過三關、講故事，晚晚留守在病床旁。若然肚餓，他們便會弄蘋果蓉，一匙一匙地餵我吃，避免哽噎。若然要梳洗，父親便推著輪椅，把我送到浴室，親自替我擦背，換衣服。在自己無法自理期間，他們做了這麼多事，卻沒有一絲怨言，亦不求任何回報。

在這期間，我一直有個疑問：「父母為了照顧我就不用工作嗎？」

某日黃昏，在公園散步時，我問了父親。他輕輕回答：「兒子啊，你早已是我們的心肝寶貝。看見自己的兒子有事，就算冒著辭職的風險，我和母親亦一定放棄工作過來悉心照顧你！其他東西統統都不重要，因為最重要的，是我的兒子能健健康康的生活下去！」這句話，觸動著心弦，眼淚的防線亦隨之崩塌。夕陽斜照，我倒在父親的懷中，溫暖的感覺在我身上蔓延。淚水一發不可收拾。

回想以前，父母由我出世到現在不斷養育我，供我讀書，帶我遊玩，我卻常常埋怨親的嘮叨，討厭父親的責罵，其實他們才是最無條件為我付出及為我好的人。慚愧的感覺漸漸在心中浮現，慚愧年少的我沒好好孝順父母，報答父母的養育之恩，更常常埋怨他們。

父母，知道你含辛茹苦只為培育我，你把上半生的時間都奉獻給我，讓我亦奉獻自己的時間照料你，讓您能安穩地渡過下半生吧！「羊有跪乳之恩，鴉有反哺之義」，無論將來發生甚麼事，我也會像你們放在心中的第一位；只要有什麼吩咐，我也必定致力完成；若想見面，我也必定會隨傳隨到。就像你在低谷時悉心照料我，我亦會在將來更悉心的照顧你。為何我要這樣做？因為我一定要報答父母的恩情，用千萬次行動也難以媲美的恩情！

「父母在，人生尚有來處；父母去，人生只剩歸途」趁現在還有時間，我一定會好好孝順父母，讓他們的下半生健健康康，安枕無憂！

父母へ捧げる言葉

中学二年生　袁 銘霖（香港）

父母の世界はとっても小さく、私達だけでいっぱいに詰まっている。私達の世界は大きく、よく父母のことを忘れてしまう。父母は私達がもう大きくなっていることをよく忘れる。私達も父母の白髪が増えていることをよく忘れるように。この世界で、父母のように私達を愛し慈しんでくれる人なんて二度と現れないだろう。

私には母が1人いる。世界一素敵な母だ。万能では無いけれど、私のためならスーパーマンにだってなってくれる。母は私に世界で一番良いものをくれる。私が成長するために至れり尽くせりの世話を焼いてくれて、温もりを、幸福をくれる。母の愛は眠った後にそっとかけてくれる毛布であり、家を出る前のお小言であり、棚にいつまでも残しておいてくれる美味しいお菓子であり、どんなに遅く帰っても必ずつけておいてくれる明かりである。母はよく私にこう言う。「子どもの存在があるから、父母の目には世界が縫い終えていない1枚の布団のように映っているの。

しょっちゅう中の綿が漏れ出てしまう。父母の心配する気持ちは針みたいに、そういった穴を全部縫って塞ぐの。生きている限り、父母の心配は止まないのよ」。

母の話を聞いて、私は本当の意味での「孝」とはお利口にすることではなく、父母を安心させることなのだと思った。親の心子知らずと言うが、今になってようやく母のお小言の背後に隠されていたたくさんの愛情に気づくことができた。

私が思春期で反抗期を迎えていた時、どれだけ父母を傷つけただろうか。けれど、見返りを求めることなく、今も変わらず忍耐と愛で私を包んでくれる。

どんなに雨風が強くても、父母は力を振り絞って支え、いつも黙々とこの家を守っている。気付かぬうちに、母の背は曲がり、髪も白くなり、目元にしわが寄るようになった。まだ間に合ううちに、私の母にこう言おうと思う。「親愛なるお母さん、愛しています！　どうか時間がゆっくり流れ、もっともっとあなたを愛することができますように」。

給父母的蜜語

香港　初中二年級　袁　鍩霖

父母的世界很小，只裝滿了我們；我們的世界很大，常忽略了他們。父母經常忘了我們已經長大，就像我們經常忘他們已經漸漸白髮。這個世界上，不會再有任何一個人像父母一樣，愛我們如生命。

我有一個媽媽，全世界最好的媽媽。雖然不是萬能的，但卻為了我成為超人。她給我全世 界最好的，無微不至的照顧我長大，給我温暖，給我幸福。媽媽的愛是睡着後披在身上的毯子，是離家前的一聲叮囑，是櫃子裏永遠有留給我好吃的零食，是無論多晚回家，都會有一盞灯為我亮着。媽媽總跟我說：「因為孩子的存在，父母眼中的世界就像一條沒縫好的棉被，棉絮總會漏出來，而他們的担心就像針一樣，要把那些裂縫全部縫起來。只要活着，他們的担心就停不下來。」

聽到媽媽說的話，我才覺得真正意義上的「孝」不是讓你聽話，而是讓父母放心。年少不知父母心，如今終於明白那些嘮叨背後藏着滿滿的愛意。

我在青春期的叛逆不知給他們帶來多大的傷害，可他們始終不求回报，依然用耐心和愛包容着我。

無論多大的風雨，父母一力承擔，他們總是默默守護着這個家。未曾在意間，媽媽的背駝了，頭髮也開始變得花白，眼角悄悄地爬上了皺紋。想趁還來得及，和我的媽媽說：『親愛的媽媽我愛您！希望時光走得慢些，讓我再愛您多一些。』

あなたとの思い出

高校二年生　林頎恩（台湾）

これはよく晴れたある日の出来事です。まっすぐ上へと続く階段を、互いの影をたよりに、さらに高い丘へとゆっくり登っていくこの時この瞬間は、父と母と私にとって完全なる暖かな和やかな時間でした。親との情がまさに垂直な愛として定位置につくための練習を始め、温もりの座標一つ一つへと着地していきます。頂上につくまで、私達は死力を尽くして互いの信仰を全うしようと努力をしていました。

父がタオルと水を渡しながら私にこう言いました。「昔おじいさんも一家全員を連れて山登りに来たことがあるんだ。おじいさんはお父さんにこんなことを教えてくれた。山は視野の本質である。私達がこの山に来た目的は、人生においてもっと寛容と思いやりを知ることができるようにと思ってのことなのだ」と。

父は疑問の顔を浮かべる私を見ると、笑いながら額の汗を拭いてくれ、続けて、こう言いました。「おじいさんは山の形態や心象から、尊敬や親孝行、そして敬虔な家庭としてあるべき姿をどのように学べるかを教えてくれたんだ」。

母は、私達の一生の道は多くのかけらで出来ていて、一生の使命は完成するために練習することなのよ、と言いました。

私は父に、どのように練習すれば自分自身の山に成れるのか尋ねました。

父は、「現実の環境の中で高度を上げ、寛容こそが愛の証拠であると自分自身に明確に分からせること、そして正しいことをすること、これこそが孝の始まりとなる」と言いました。

おじいさんは私達の元を去る前から、長く病魔に侵されていました。当時皆既に、治療はただ今の不本意な状態を継続させるだけだと分かってはいましたが、それでも私達の自己的な思いは、早くからすでに苦痛の深淵を凌駕しており、それが自己中心的なものだと自覚していませんでした。

何があっても救うことが「孝」なのか、と父が尋ねてきます。私は考えた後、首を激しく振って「もちろん違います」と答えました。

父は笑って言いました。「だから、おじいさんが亡くなる直前の最後の時間は、おじいさんに『自主性』をお返ししたんだ。おじいさんが自分の体の声を聞くことができるように、自分自身の山に成れるように」と。「紆余曲折を経て広がった情と愛、思いやりの心がまるで互いに支え合う親との情の輪廻のようで、暖かく優しい。これこそが「順」の根本だ。物事をきちんと正しく行えば、山脈が連綿と続くように、孝の道が受け継がれていくんだ。おじいさんの最後の顔、穏やかな様は、私達が悔いを残さなかったという証しとなったんだ」と。

登頂後の景色は格別に美しく、私と父、母は最高に心地の良い親密さをもって、互いのつぶやきと愛あふれる視線の中に留まり続けていました。

父が言いました。「人はそれぞれ未来へと続く各自が歩くべき道がある。順調に歩める人もいれば、もちろん艱難が立ちふさがる人もいる。欠片《かけら》でも完全でも、私達は皆主役に成れる可能性を秘めている。だからこそ、見ているだけではいけない。もし君が地図を持っているなら、迷子になっている一人ひとりに手を差し伸べなさい。それでももし君自身が迷子になるとしたら、私達皆が同じ山にいるということを君は知ることができるだろう」。

私は続けて母に尋ねました。「それではどのように互いの山に成ればいいのでしょうか」。

「共感をもって一人ひとりを尊重し、責任をもって必要とする人を助けなさい」と母は答えました。

「たしか当時お見舞いに行った時、おじいさんがボランティアのゼッケンを着て他の病室のお友達を励ましているのを見たことがあったわ。簡単なことではないと思う。無私と献身こそ思いやりの心が本来あるべき姿なの。病気と苦しみといった様々な困難にあったとしても、おじいさんは変わらずその身をもって示したんだね。自分自身がより完全に近づけるように」。母は私と手を繋ぎながらこのように続けて語ったのでした。

思いやりと孝行は行動と支持との表裏一体です。互いに助け合い支え合うしくみこそが人生の真理を明らかにしてくれます。また、孝について語ることは人生を豊かにしてくれます。豊かな親との情は、些末な日常の生活のあちこちにあります。お互いにもっと触れ合いましょう。お互いの交流を陽光さえも羨望するものにしましょう。お互いそうしてこそ、私達は互いの羽で飛び続け、更に遠くの山へと前進することができるのです。

今いるここは、これから全て素敵な一日になる場所です。私と父と母、私達はこれからも努力し続けます。お互いの信仰を成就するために。

與您的點點滴滴

臺灣 高中二年級 林 頎恩

這是個陽光很好的一天。

一路從往上的階梯，我們沿著彼此身影，慢慢攀向更高的丘峰，這是父親和母親與我，此時此刻最完整的和煦，親情正以垂直的愛練習定位，抵達每個溫暖座標，在登頂之前，我們都極盡努力成為各自信仰。

父親遞給我毛巾與水，說著：以前爺爺也會帶全家人一起出來爬山，他告訴父親，山是視野的本質，我們身緣於此的目的，就是期待能更加理解人生的寬容與關懷。

父親看我一臉疑惑，笑笑地幫我拭去額前汗珠後說道：「爺爺在教導我們如何以山的型態和意象，學習關於尊重，關於孝順，以及虔誠家庭完整該有的態度。」

母親說，我們一生的路有許多破碎，而我們一生的使命，就是練習走向完整。我問父親，該如何練習成為自己的山。父親說，在現實的環境提升高度，讓自己明瞭寬容才是愛的證據，然後做對的事，這是孝的起源。

爺爺在離開我們之前一直遭受病魔摧殘，即使我們當下都知道醫療只是延續所謂的不甘心，但那時的自私，早已凌駕痛苦的深淵而不自覺。不論如何都要救，這是孝嘛？父親問著！我思忖後猛搖頭說著，當然不是！

父親笑笑說，所以在爺爺臨終前的最後時刻，我們把自主交還給爺爺，讓他聽自己的身體說話，讓他成為自己的山，從複雜的滄桑擴展情愛，關懷在這裡儼然成為親情相互扶持的輪迴，既溫柔且善良，這就是順的根本，把事做好做對，如同山脈綿延地傳承孝道，在爺爺最後的臉龐，安詳成我們不留遺憾的版圖。

登頂後風光格外明媚，我和父親母親正以最舒服的親密，停留在對方呢喃話語及關愛眼神。

父親說，每個人都有各自的路通往各自未來，有人順遂，當然就有人坎坷，破碎與完整我們都可能成為主角，因此我們不能只是圍觀，如果你有地圖，請你援手每個迷路，如果你仍迷路，你會明白我們都在同一座山。

我繼續問母親，那我們該如何成為彼此的山。

用同理尊重每一個人，讓責任幫助每個需要，母親說道！

「記得當時，我去探望爺爺的當下，都看到他穿著志工背心去鼓勵其他病友，這的確不容易，無私與奉獻本是關懷該有的模樣，即便面對疾病與痛苦的諸多破碎，爺爺仍力行以身作則，讓自己盡量靠近完整。」母親牽起我的手繼續說著。

關懷和孝順是一體兩面的行動與支持，在互相幫助的支持系統澄澈人生真諦，談孝，就是豐生，豐富親情在小日的生活點滴，願意給彼此多一些觸覺，讓互動成為陽光羨慕的對象，我們才能在彼此的翅膀繼續飛翔，往更遠方的山壑繼續前進。

這裡都將是美好的一天。

我和父親與母親，我們仍在繼續努力，努力成為彼此信仰。

あなたとの想い出

中学二年生　陳　星碩（台湾）

ふぅ、5年たった！時間はまるで1台の草刈機のようだ。癌という名の雑草はようやく取り除かれ、父の人工血管がやっと取れた。

時間を5年前の夏休みに戻そう。日はまだまだ高く長く、厳しい暑さが続いていた。真っ青な空は夏季キャンプの楽しさをさらに彩るようであったが、本来あるべきはずの無邪気な笑顔は私になかった。小学3年生の私は決して子供の夏休みと言うことが出来ない時を過ごしたのだ。

その年の7月、父は扁桃腺癌のステージ4と診断された。話を聞いた瞬間、心が握りつぶされるようだった。窒息、苦しさ、絶望が一気に押し寄せ、まるで極限まで圧縮された水球が無惨に地に投げ落とされたようだった。幸い、ポジティブで力強い父母の手が私を受け止め、そっと私の魂を守ってくれた。

その後1ヶ月半の間に、父は手術、入院、治療を行った。次々と行われる検査は、父の体に無数に刺さった管のように繁雑でしかし必要性のあるものばかりだった。私は毎日ベッドの傍で父の体に刺さる1本1本の輸液のための透明な管を見つめながら、自分が強く大きな抗体になる様を想像した。多くの手下を引き連れて父の体内に潜入し、癌細胞の動向を偵察し、狡猾な主癌細胞を殲滅するのだ。

平日は病院で、父のために医療品を購入したり、枕カバーやシーツを交換したり、体を拭いてあげたり、お使いに行ったり、定期的に病室を消毒することを学んだ。不器用な状態から熟練するまで、私はまるで様々な試練を乗り越えた歴史的英雄のようだった。またある時は記者にもなった。父の状態や気持ちを取材して記録してから、母に報告してあげるのだ。母の目が真っ赤になっているのを見ると、きっとさっきまでどこかで大泣きをしていたのだと分かる。そんな時はぎゅっと母を抱きしめる。何も話さず、ただただ母の懐の中で、母の梅柑糖（訳者注：柑橘類のキャンデー）になるのだ。

入院の日々は1枚1枚破り捨てる日替わりカレンダーのように平凡で変哲の無い日々だ。でも、父が術後に大量出血した時は、そんな平穏な日々を真っ赤に染めた。その場で私は死とはこうも突然に無情に起こりうる事であると驚き悟った。鮮血が1滴ずつ父の包帯から滲み出て、小さな血の粒が段々と細い血の流れとなるのを見ながら、私の瞳は驚愕と恐怖に満ちていた。手に冷や汗をかきながら緊急ボタンを押した。静かだったはずの病室は途端に慌ただしくなった。段々と青白くなっていく父の顔色、ピーピーとなり続ける機械、増え続ける看護スタッフが交互に止血する様を目にしながら、最終的に父は手術室へと送られた。

全てがあっという間に起こった。私はただソファーに座って、見ていることしか出来なかった。騒がしかった病室にただ1人私だけが虚しく、静かに残った。突然の静寂は私を恐怖に落とし、慌てて駆けつけた母を見るまで、膝を抱えて一言も発することが出来なかった。母が来て初めて、私は頭を母の懐に埋めながら、大声を上げて泣いた。初めて、別れがこんなにも怖いと思った。初めて、命がこんなにも儚いものだと知った。初めて、青空の夏にも死の気配が宿っていることに気づいた。

時間はチクタクと秒針を回し、私の成長をも促している。父を見上げていた私は、今は父の白髪、こけた頬とやせ細った身体を見下ろすようになり、さらに父といられる時間を大切にするようにさせる。私はこんなにも多くの恩恵を贈って下さった天に感謝したい。酸いも甘いもあったけれど、癌は私たちを打ち負かすことは出来なかった。それどころか、私たち親子の情をさらに深めてくれた。私は心から悟った。平凡で慌ただしい日常において、親子の情を見出すことは一見難しそうに思えるが、実際は一挙手一投足の中にその軌跡があり、親子の情とは、一生涯をかけて細胞から感じ取るに値するものであると。

與您的點點滴滴

臺灣　初中二年級　陳　星碩

呼！五年了！時間如同一台割草機，將名為癌症的雜草割除完畢，爸爸終於可以將人工血管拿掉了！

時間拉回五年前的暑假，艷陽高掛依舊毒辣，蔚藍的天空為暑期營隊添加更多歡樂，本該無憂無慮的笑容卻不在我的臉上，我的小學三年級過了一個不屬於童年的暑假。

那年七月，爸爸被檢驗出扁桃腺癌第四期，這個消息一把掐住我的心頭，窒息、難受，絕望一擁而上，我像一顆被擠壓到極限的水球，被狠狠地丟到地上，還好樂觀堅強的爸媽一手接住我，小心呵護我的心靈。

接下來一個半月裡，爸爸歷經開刀，住院，治療，一連串的檢查如同插在他身上滿滿的管線，繁雜卻又具有必要性。我每天陪在他病床旁，看著爸爸身上一條條輸液的透明管線，想像自己化身為強大的抗體，率領一群手下潛入他的體內偵查癌細胞的動向，並一舉殲滅狡猾的主癌。

平日在醫院，我學會幫爸爸買醫療用品，換枕套和床單、幫他擦澡、跑腿、定時幫他的病房消毒等，我從笨拙到熟練，就像一位歷經重重考驗的史詩級英雄。有時又會化身為一位小記者，採訪爸爸當天的狀態和心情，並且一一記錄下來報導給媽媽聽。當媽媽眼睛紅紅時，我知道她一定曾在某處獨自大哭一場，這時我會緊緊抱著媽媽，甚麼都不說，窩在她懷裡當她的梅柑糖。

住院的日子猶如一張張撕去的日曆，平淡、無事。但爸爸一次術後大出血染紅了平順的日子，我當下驚覺原來死亡可以來得如此突然，無情。當一滴滴鮮血從爸爸繃帶上滲出，細小的血珠漸漸變成一注細小的血流，我的瞳孔充滿驚恐，冒著冷汗的手按下緊急求救鈕，原本平靜的病房突然變得亂糟糟，面對臉色越發蒼白的爸爸，不斷嗶嗶叫的儀器，越來越多的護理人員輪流加壓止血⋯最後，爸爸被送到手術室。

一切都發生得太快，我只能癱坐在沙發上，無助地看著這一切。原本吵雜的病房頓時只剩我一個人，空蕩蕩，靜悄悄，突如其來的寂靜讓我害怕的緊抱雙膝、不發一語，直見到匆匆趕來的媽媽，我才一頭栽進她懷裡放聲大哭。我第一次那麼害怕分離，第一次認知到生命如此脆弱，第一次發現蔚藍的炎夏也會充滿死亡的氣息。

時間滴答，滴答轉動了錶針，也轉動了我的成長，我從仰望爸爸的角度轉動到俯視他的白髮，消瘦的臉龐與單薄的身形都讓我更珍惜與爸爸的相處。我很感謝上天餽贈這麼多恩典給我們家，一路有酸楚，有甜蜜，癌症沒有打敗我們，反而凝聚了我們的親情。我深深體悟到：親情在平淡繁忙的日常看似難尋蹤跡，實則在一舉一動中有跡可循；親情，值得用一輩子細細感受。

家族とのあれこれ

小学六年生　鄧　理真（台湾）

私の家族は三代がともに暮らしています。おばあちゃん、お父さんお母さん、そしてお兄ちゃんが2人と年の離れたお姉ちゃんが1人、さらに双子のお姉ちゃんが1人、家族仲良く暮らしています。

特におばあちゃんとは暖かい思い出がたくさんあります。双子が生まれて家族の人数が増えたとき、1階をリビングと1部屋に改装しました。そのため、おばあちゃんと私達双子は同じ部屋で寝て育ったのです。おばあちゃんは朝早くに起きて、隣にある台所で朝ごはんを作ります。朝ごはんができたら起こしに来るのですが、私はまだ布団から出たくないとだらだらしています。でも、美味しそうな朝ごはんの匂いをかいだ途端に、体中に元気がみなぎり、急いで布団をたたんで、朝ごはんを食べに行きます。

私は普段からおばあちゃんのあとをついて回り、おばあちゃんを観察することが大好きです。おばあちゃんは三輪自転車に私やお姉ちゃんを乗せて、市場に買い出しに行くことが大好きです。また、毎週の週末は一番楽しい時間です。なぜなら、夕食後におばあちゃんと一緒に家族みんなでおばあちゃんが大好きな連続ドラマ「包青天」を見られるからです。私もよくおばあちゃんと一緒にドラマを見ては、その内容について語り合っています。

おばあちゃんが小さかった頃に学校で起こった、面白おかしい出来事を聞くのも好きです。当時は男尊女卑の時代だったので、おばあちゃんは畑に行って農業を手伝う必要がありました。学習の機会は男性にしかなかったのです。それでもおばあちゃんは頑張って勉強し、学歴は小学校まででしたが、おばあちゃんと話をする人はこぞって、とても学識があると言っていたそうです。そんな人達に対して、おばあちゃんは「社会大学（大学等で開設される社会人向けの生涯学習センター）を出てるからね」と笑って答えていたそうです。

祝い事があるたびに、我が家はみんなで餃子や湯圓（訳者注：白玉団子のスープ）などの食事を用意したり、祝いの雰囲気を出すために家の中を飾り付けをしたりします。そういった小さなことから、私は家族の暖かさと幸福を感じ、おばあちゃんを含め家族が常にそばで支えてくれているのだなと感じます。

私が大きくなるにしたがって、お母さんの小さな助手になりました。お母さんがご飯を作るときは、隣で何か手伝えることがないかと様子を見ています。そうすると、お母さんから私でもできる簡単な仕事を貰えるのです。例えば、野菜を洗ったり、机を拭いたり、掃除をしたり、ご飯が出来たと家族に伝えに行ったり、などのちょっとした事です。

それと同時に、私はおばあちゃんやお父さんの小さな助手でもあります。去年、お父さんの足に力が入らなくなり、よくふらついたり転んだりするようになりました。その後、医者から脳腫瘍があると診断されたのです。それからの日々は、入院し治療を受けているお父さんの面倒をお母さんが見ることになり、私達はビデオ通話でしか父母と会えなくなりました。およそ一ヶ月後にお父さんは退院しましたが、左側の手足はやはり力が入らないようで、歩行器がなければ歩けません。そのため、ご飯を用意したり、マッサージしたり、体を起こしてあげたりと、私がお父さんの面倒をみるようになりました。学校に通う時間、勉強や宿題の時間以外の空いている時間に、お父さんの身の回りの世話をしました。お父さんが病気になって

2、3ヶ月後、不幸なことに、おばあちゃんが大腸癌で手術入院することになったのです。退院後も大きな手術痕がお腹に残りました。私は水を入れたり、おしめを替えたりなど、おばあちゃんの面倒もみるようになりました。そうするうちに、おばあちゃんの病気は徐々に良くなり、手術による傷口も癒えていったことで、私達一家はようやくほっと一息ついたのでした。

この期間、家族で大きな困難に直面しましたが、変わらずお互いに支え合い、寄り添い合いました。私の小さな助けと努力によって、家族に負担をかけることなく、よく療養と回復に努めることが出来たのだと思います。この苦しい日々が家族間の距離を縮め、私達一家の気持ちがより一層結束しました。

與家人相處的點點滴滴

臺灣 小學六年級 鄧 理真

我的家庭是三代同堂，有奶奶與爸爸媽媽，上有兩個哥哥，一個大姊姊，一個雙胞胎姐姐，一家相處和樂融融。

特別我與奶奶的相處充滿溫馨的回憶。因為家中多了雙胞胎人多，所以一樓改造一間和室房，奶奶與我們雙胞胎一起睡，奶奶早起在隔壁廚房做早餐，早餐煮好了，奶奶叫我用餐，我一副懶洋洋的模樣還想賴床，但聞到美味的早餐，就充滿動力，趕緊整理床鋪，起床吃早餐。

平時我喜歡黏在奶奶身邊，觀察她的一舉一動，奶奶喜歡騎著三輪車載著我與姊姊去兜風逛市場買菜。每個週末晚上是最開心的時光，因為晚飯後，家人們會一起陪奶奶看她最喜歡的連續劇―包青天。我與奶奶常一起看劇一邊討論劇情。

我喜歡聽奶奶說她小時候上學有趣的糗事，她那個時代重男輕女，奶奶都需要下田幫忙農務，長輩只把上學的機會留給男生。但是奶奶還是很努力學習，她雖然只有小學學歷，但與她聊天的人都說她有學問，她總是笑著說，因為我念社會大學。

每逢節日，我們會一起準備食物，像是包餃子煮湯圓等，還有會裝飾房間，布置家裡環境，為節日增添喜慶的氛圍。從這些點點滴滴中，讓我感受到家庭的溫暖與幸福，奶奶與家人總是一直在我身邊給我支持與鼓勵。

在我慢慢長大後，我變成媽媽的小幫手；媽媽煮飯時，我就會在旁邊觀察，看看有什麼需要幫忙，媽媽會讓我做一些簡單的工作，像是洗菜，打蛋，微波食物、洗碗，準備碗筷，切水果、擦桌子，掃地，叫家人一起吃飯……等等小事。

此外，我也是奶奶和爸爸的小幫手：去年爸爸的腳開始無力，常常會因站不穩而跌倒，不久後，爸爸竟然被醫生宣判得了腦癌，接下來的日子，媽媽得陪著爸爸住院接受治療，我們只能透過視訊和爸媽見面。大約一個月後，爸爸出院了，但左邊手腳仍然無力，需要使用助行器才能走，因此，我開始照顧爸爸：幫爸爸裝飯、按摩，扶爸爸起來，除了要正常上課，讀書及寫作業，還撥空照顧爸爸的生活起居。爸爸生病後的二、三個月後，很不幸的，奶奶因大腸癌開刀住院，出院後肚子因為開刀有很大的傷口，我就開始照顧奶奶，我會給奶奶裝水喝和換紗布，不久後奶奶的病漸漸好轉，開刀的傷口也已經癒合，我們全家也總算鬆了一口氣。

在這段期間雖然家庭面臨很嚴重的困境，但一家人還是彼此互相支持陪伴。因為我一點小小的付出與努力，能讓家人無後顧之憂的好好養病及漸漸康復。因為這段難熬的日子，拉近了家人間彼此的距離，讓我們一家人的感情更加堅定不移。

忘れられない日

高校一年生　神井 佑恩

「来なくてもいい」。中学校卒業式の前日、親とけんかをしてしまった私は、そう一言、お母さんに言いました。

コロナ禍だったため、お母さんだけが卒業式に参加してくれる予定でした。イライラしながら、自分の卒業式なんてくる必要ないと、お母さんに言いました。その日の夜は、自分が言ってしまった言葉への激しい後悔と、お母さんが本当に来てくれないかもしれないという不安でなかなか眠れませんでした。

当日の朝、私はお母さんと顔を合わせられず、ただ式に来てくれますようにという願いで、当日まで渡していなかった参加票にお母さんの名前を書きました。一番見えやすい机の上に参加票を置き、家を出ました。

素直に「来てほしい」と、ひとこと言えば済んだのに、言えずに家を出てしまった、弱くて素直になれない自分を強く責めました。

学校に着くまでは、お母さんが来るか来ないか、そのことだけしか考えておらず、不安で仕方ありませんでした。

一緒に学校まで着いてきてくれた友達のお母さんを見るのも辛かったです。

あっという間に式が始まり、歌の時間になりました。

後ろを向いた時、入場では気づきませんでしたが、体育館後方に、お母さんがいるのを見つけました。卒業する悲しさで泣いていた私に追いうちをかけるように、涙がとめどなくあふれ出てきました。

「来なくてもいい」と言った娘の卒業式に来てくれた事に対する大きな感謝とともに、親の無償の愛を感じました。涙は止めようにも止まらず、そこで改めて、私はお母さんの事がすごく大好きだった事に気づきました。中学校に入学して、友人関係、部活、そして受験の悩みという私の前に乗り越えないといけない多くの壁ができました。お母さんはいつも隣にいてくれて、時には励ましてくれたり、時には一緒に戦ってくれたり、引っ張って応援してくれました。

そして最後まで支え続けてくれました。

お母さんが来てくれたことに大きな安心感を得られたのは、それほど、たくさんの愛を受け、私がお母さんの事が大好きだったからなんだと強く思います。

お母さん、中学校に入ってから、お母さんの存在の重要さを改めて感じました。

3年間いろんな悩みがあったけど、ずっと隣にいてくれてありがとう。

お母さんなりの励ましや応援で、心細さを感じずに過ごすことができました。

受験は、親子そろって初めての経験で、大変な中、一緒に戦い、乗り越えてくれてありがとう。

たくさんほめてくれてうれしかったです。

卒業式に来てくれたお母さんの姿、一生忘れません。

中学校の3年間を一緒に締めくくってくれてありがとう。

15年という私の人生の中で最高の日になったと思います。

お母さん大好きです。

お母さんからの無償の愛を私も返せるように頑張るね。

これからもよろしくお願いします。

支えてくれたから

高校一年生　白鳥 規継

　私は小中で不登校を経験しました。最初、不慮の事故をきっかけに行けなくなったとき、外に出るのが辛く、家に引きこもる生活をしていました。その時の両親は不安と焦りでいっぱいだったと思います。しかし両親は私に多くを求めるのではなく信じてゆっくりと見守ってくれました。そのおかげで気持ちの整理もでき、両親のサポートによって少しずつ勉強をしたり、外出したり出来るようになっていきました。

　中学校に上がってからは環境も変わり少しの間通うことができたのですが、限界があり再び通えなくなってしまいます。それでも両親は、私を信じて優しく支え続けてくれました。そのおかげで私もメンタルを保とうとすることが出来ました。その後、別室登校ができるというのを知り、少しですが学校に行くことができました。両親も私に多く要求はせず、ただサポートしてくれたことで、２年生からは毎日通えるようになっていました。

そんな中、私がゲームの全国大会に応募すると、運もよく、家族が応援してくれたことで優勝することが出来ました。両親も喜び、誇りに思ってくれていました。その経験から自分に自信を持てるようになり、人と関わる楽しさを感じ、学校に行くことが楽しいと思えるようになりました。

3年になっても別室登校でしたが両親は信じて応援してくれました。そのおかげでたくさんのことを学び、成長できました。今も自分のペースで頑張れるようにと通信制高校に通わせてもらっています。

常に私のために考えて支えてくれる両親には感謝しかありません。たくさん不安にもさせたと思いますが、どんな時でも信じて応援してくれたからこそ今があると思います。だからこそ両親に親孝行をして恩返し出来るようにしたいです。私にできる一番の親孝行は大会で優勝した時のように私が活躍しながら楽しく過ごす事だと思います。そのために様々な経験をしながら学び、一生懸命頑張っていきたいです。

ありがとう

高校一年生　伊藤 美香

ありがとう。 私は小さいころ、 この言葉はいつでも言える言葉だと思っていた。

母の日や父の日には私が描いた絵と一緒に「いつも ありがとう」 と 言っていた。

でも 1年が経つたび、 私はその言葉を言わなくなってしまった。

いつでも言えるから、 言わなくても良いだろうと思っていたからだ。

中学校3年生になる頃、 私はその言葉が伝わらず、 届かないことを知った。

パパが急に体調をくずし、 入院したからだ。 そのとき高校を決める最中だった。

パパなら大丈夫、 そうどこかで思っていた。

コロナの影響もあり、 なかなかパパに会えないまま、 パパの心臓はどんどん弱くなっていった。

そして私は何も伝えられず、 パパの心臓が止まる瞬間を見た。

悔しかった。

なぜ私は「ありがとう」とたったこの5文字を言えなかったのか？　パパにもっと伝えたいことがあったのに言わなかったのか？　自分を責めるばかりだった。

でもママはパパに何回も

「ありがとう。ありがとう」

と、伝えていた。

私も届くか分からない声で何回もありがとう、と言った。

今では、小さなことでも「ありがとう」と言うことを意識し、感謝の心も忘れず伝えようとしている。

ママ、パパの分まで高校の受験勉強を応援してくれてありがとう。おかげで私は、小さい頃ほめてもらった絵を、今でも描き続けて いるよ。

賞もたくさんもらえたよ。

たくさんの楽しいことと出会わせてくれてありがとう。

ママ、パパ、本当にいつもありがとう。

親への想い

高校一年生　岡光 真寛

僕は今高校1年生だ。中学3年生から親に反抗していたが、高校生になり部活やバイトが始まり、家族よりも友達といる時間の方が長くなった。お父さんはいつも遅く帰って来ては、友達と盛り上がっているところにゲームを取り上げてくる上、「楽しかった?」「仲いいね」などと空気を壊してくるくせに、話しかけてくるのがとてもうざったかった。なので、いつしかお父さんが帰ってこないことを願うようになった。

お母さんはちょっとご飯を焦がしたり、起きるのが遅かったり弁当を雑に扱った後、すぐに怒ってくるので「なんでこんなすぐ怒られるのかな」「そんなに言うからもう弁当食べないから」などと思うようになった。何故かわからなかった。友達と仲良くなればなるほど、一緒にいればいるほど、何故か親をどんどん嫌いになっていく気がした。それに理屈なんかない。こんなこと今までなかった。自分でも少し驚いている。でも、あまりにも大きくなっていくこの気持ちを抑えること、自分の気持ちを客観的に見ることが難しかった。

この考え方を変えてくれたのは同居しているおばあちゃんだった。おばあちゃんは80歳にしてはとても元気で、僕たちの家事を食事以外ほとんど全てやっている。1日８０００歩歩くのを日課にしている元気なおばあちゃんが、お風呂で倒れて救急搬送された。家族会議で、おばあちゃんが今までやっていた家事を分けることになった。僕は僕たちの中で1番先がない人に負担をさせていることをとても後悔した。ただ後悔してももう元気なおばあちゃんは帰ってこない。そこで僕にできる事は何か悩んだ。とにかく1人で悩んだ。

そこで、ある結論にたどり着いた。今ある現状に、家族に、感謝しようと。お母さん、お父さんがいなくなってしまったときに「こうしていれば！」と思わないように。

お父さん、遅くまで仕事して疲れているはずなのに、1日ゲームをしていた僕なんかを気遣ってくれてありがとう。そしてごめんなさい。お母さん、朝練で皆、昼ごはんを買っていて、僕だけが毎週弁当を持っていることに驚かれた。いつも当たり前のように、弁当を毎日作ってくれてありがとう。

僕はもうあの時のように後悔しないように多くの人、物に感謝して生きようと思う。毎日弁当を作ってくれているお母さん、疲れているのに僕のために声をかけてくれるお父さん、そして、それに気づかせてくれたおばあちゃん、ありがとう。

いつもありがとう

高校三年生　西原　昇悟

僕がこんなに幸せな毎日を送ることができているのは、いつも一番近い所で僕を見て、常に愛してくれるお父さんお母さんがいるからです。

お父さんは小さい時からいつも休日は車で遠いところに遊びに行ったり、公園でスポーツをして遊んでくれたりしたのはずっと思い出に残っています。

僕が欲しい物があるときはいつもお母さんへの交渉術を教えてくれるのはありがたいです。

お父さんは運動もできるけど頭も良くて、高校受験の時はあまり自信を持てなかった僕を温かい言葉で応援してくれたのが心強かったです。

そしていつも家族を笑顔にしてくれる面白さが今の僕の性格をつくってくれたと感じています。時には厳しく怒ってくれるけど、言葉一つ一つに愛を感じます。

僕も将来は、お父さんのようなお父さんになりたいです。憧れです。2年前に単身赴任で距離は離れてしまったけど、1ヶ月に1回会ったら美味しいご飯屋さんに連れていってくれるのが嬉しいです。

そして、お母さんはずっと優しくて、嘘はつかない性格で聖母のような存在です。お母さんが作ってくれる料理は世界で一番美味しいです。いつも家に帰る時に楽しみにしているのは、美味しいご飯のことです。

お父さんが単身赴任で僕のことをお父さんの分も直接愛してくれるお母さんは、仕事も忙しいと思うけど毎朝早く起きて僕のお弁当を作ってくれて本当に感謝しています。夜遅くまで家以外の場所で勉強していても必ず迎えに来てくれるのが本当に嬉しいです。この17年間ずっと僕のことを愛してくれた二人に、次は僕が親孝行する番だなと思います。

来年は大学受験があってこれまで以上に忙しくなるし、負担が大きくなってしまうけど、絶対に感謝の気持ちを忘れずに毎日がんばります。そしてこれからもたくさん迷惑をかけることがあるかもしれないけどよろしくお願いします。いつもありがとう。

母に「ありがとう」と言いたい

中学一年生　鄭 梓涵

私の記憶の中に、父の姿はない。思い浮かぶのは、母の忙しくしている姿だ。ときには優しく、ときには厳しい母。いつもそばにいて、優しく励ましてくれる母。また、天秤の仕組みや英単語など新しいことを教えてくれた母。母との生活を通して大切なことを学べた。ここまで導いてくれた母に「ありがとう」と言いたい。

学校の成績や行事は、いつも気にかけてくれたけど、忙しくて参加できないときもあって悲しかった。でも、大事な行事には必ず参加してくれた。毎晩、学校の様子など、私の話をていねいに聞いてくれた母に「ありがとう」と言いたい。

熱を出したときも、心配してくれた。ご飯や薬などを用意してくれたり、夜遅くまで私を見守ってくれたり、大事な仕事も休んで気にかけてくれた母に「ありがとう」と言いたい。

また、検定など「一緒に勉強して、一緒に頑張ろうね」と笑いながら言ってくれた母。検定は一人だと全く勉強できなかった。だけど、母といっしょに勉強したからこそ、私はこんなに成長することができた。サボっていたとき、「もうすぐ試験だから、勉強しなきゃ受からないよ」と応援してくれた。一緒に勉強してくれた母に「ありがとう」と言いたい。

そんな大好きな母に喜んでもらえることは、何だろうと考えた。今の私にできることは、家事などのお手伝いをすることと、志望の高校に合格するよう勉強頑張ることなのだと思った。また母の日や誕生日には、自分で準備できる、感謝の心を込めたプレゼントを用意したいとも思った。

母は太陽みたいな存在だ。私の道を照らしてくれる。母がいなかったら私はこんなに、いろいろなことは出来なかったかもしれない。優しくて、いつも私を気にしてくれる。こんな母が大好きだ。だから、1人で私をここまで育ててくれた母に「ありがとう」と言いたい。

ありがたいの意味

中学二年生　前田 鈴弥

実は私、思春期真っただ中です。中学生になりいつも心にモヤモヤしたものがあり、もう一人の私が顔を出します。

「イライラ」して感情をコントロールできなくなる時もあります。

そんな私をいつも変わらない笑顔で優しく包んでくれる人がいます。

家族です。

それを知っていながらそんなありがたい人にまで「イライラ」をぶつける私です。

先日、父がこんな話をしてくれました。

「ありがたい」って「有ることが難しいこと」だって。

「住む家があって朝起きたらすぐ側に家族がいて一緒に食事ができること。これって当たり前のようだけど有り難いことだね」。

「ウクライナの人は戦争で住む家を失い愛する家族と離れ離れになったよね。毎日の何気ない生活の中に有り難いことがたくさんあるよ。だから小さな事にも感謝できるように頑張ろうね」。

私はその言葉を聞いて「ハッ」と我に返りたくさん反省しました。

思春期の私をいつも愛してくれた両親。

私を元気つける為、大事なお菓子を分けてくれた5歳の妹。

話を黙って聞いてくれた兄。

これって「有り難い事」だったんだって。

すぐそこにあった幸せを私は忘れていました。

本当は私だって言葉に出してありがとうって言いたかったのです。

けど恥ずかしくって。

でも心の中は「みんな大好きだよ」でいっぱいでした。

この前勇気をだして母に感謝の手紙を書いてみました。

短いありきたりの手紙だったけど母は「私の大好きな娘。ありがとう」と泣きながら抱きしめてくれました。

父には保育園の時に渡したことのある「何でもしてあげる券」をプレゼント。

保育園以来の思いがけないプレゼントに父は涙ぐんでいました。

何気ない生活の中で「有り難い」を意識したらたくさんの幸せと出会いました。

思春期という化け物との闘いはまだまだ続きます。けど勇気をもって私は「愛すること」の一歩を踏みだしてみようと思います。

日常の中の感謝

中学二年生　金松　宗太

僕は心から感謝したのは父と母と祖父と祖母の４人だけでした。

母は「正直で素直な子に産まれてきてくれてありがとう」と時々、僕たち兄弟姉妹に言ってくれるのですが、たまに胸がいたくなる時もあります。なぜなら心の中で友達の悪口を言ってしまったり、兄弟で大きなけんかをしてしまったりと、悪い事はたくさんしているのに、色々な感謝の言葉をくれます。父はいつも笑顔で、家族のためにがんばって仕事をしてくれています。

そんな父に、小学4年生のころ、父のお金を取り、自分の得だけを考えてそのお金を使ってしまいました。そんな時も、父は僕をゆるしてくれました。僕はその時、泣きながら、何度もごめんなさいと言いました。その時から絶対に親孝行をしようと心に決めました。

父も母も僕を愛してくれていると分かると、たまに心の奥がじんわり暖かくなってきます。

そんな温かさをくれる父と母にどんな親孝行をすれば良いのかが分かりませんでした。最初は風呂洗いなどしか思いつかず、父から教えてもらいながらではあったものの、父と母からとても感謝されたことをとても鮮明に覚えています。その父と母からもらう感謝の言葉で、次もがんばろうと思えるんです。父と母の何げない一言が僕のささえになっています。

今までも、これからも父と母のささえになっていきたい。

わたしの大切な物

小学四年生　渡邉　結生

わたしは、ママがつかれているのを見たので元気を出してほしいと思いました。

そこで、「これは、家ぞくのだんけつ力がためされているね」。

と、元気の出る声かけをしてあげました。

そして、わたしは、ママのかたをもんであげました。

すると、ママが
「元気でた。ありがとう」

と、笑顔になりました。

わたしは思いました。「ママが元気になってくれてよかった。ママが元気になったのは、わたしの声かけと、かたもみでもあるけど、本当は、神様がこの言葉を耳もとでささやいてくれたおかげでもあるし、この言葉を作ってくれたからだな。

神様のささやきの言葉はまほうで、わたしの大切な物の一つだな。そして、わたしの大切な物の二つ目は、みんなの笑顔だな」。
親孝行は、大切ですね。

お父さんが教えてくれたサッカーの魅力

小学五年生　神井 世俊

今年5年生になって、ぼくは地元のサッカークラブに通い始めました。なぜ通い始めたのかと言うと、お父さんがサッカーの魅力を教えてくれたからです。

前のぼくはサッカーもやったこともなかったし、興味は全くありませんでした。そんなぼくにお父さんがまず、神戸にある知り合いのサッカーチームに入ることをすすめてくれました。

初めは、神戸だったので、遠くてめんどうくさくてしんけんに取り組むことができませんでした。

でも、お父さんがサッカーの練習に、忙しくても、いつもついて来てくれました。サッカーの練習に行く度に、だんだんと上手になっていきました。

4年生からは、神戸のサッカーチームをやめ、知り合いの小学生達で練習を始めました。

このチームのかんとくは、お父さんがすることになりました。

そして今、地元のサッカークラブにも入りました。

このようにサッカーをしんけんに取り組むようになったきっかけがあります。

それは、プロのサッカーの試合を見に行ったことです。

そこで、ポジションの取り方やゴールのやり方などをお父さんが詳しく説明してくれました。

プロのサッカーの試合では、とてもはげしくスピードも速く、ぼくもあんな風に上手になりたいと思いました。

それからぼくは、サッカーの練習がしんどくても、必ず行くようになりました。

そして練習がとても楽しくなってきました。

ぼくは、まだサッカーが下手ですが、これからもがんばって、もっと上手になりたいです。

お父さん、ぼくにサッカーの魅力を教えてくれてありがとう。

そして、いつも練習の送り迎えや当番など、どんなに忙しくてもしてくれるお父さん、ありがとう。

お父さんがいなかったら続けられなかったです。

つらい時にやさしく声をかけてはげましてくれるお父さん、いつも本当にありがとう。

愛しています。

お父さんを喜ばせるような選手になりたいです。

「生きる」親孝行

小学五年生　吉原　嵩志

ぼくは、ついさっきまでおこりながら勉強をしていました。ぼくにはお母さんもおこっているように見えたので、

「お母さん、ぼくは一度くらい親孝行したことある?」

と言うとなぜかなみだがちょっとでてきました。

するとお母さんは、どうしてないてるの?といって

「嵩志が生きてくれていることが何より親孝行だよ」と、いってくれました。

さらに、「いつもママたちを思いやってくれる嵩志以上にやさしい子はいないよ」

と、お母さんもなみだをうかべながら言ってくれました。

ぼくは、勉強するときもプンスカしないで「生きる」という親孝行を長生きして成しとげていきたいです。

愛の循環

小学六年生　鈴木 彩音

孝行とは親を大切にし、喜ばせる事だと思います。

でも、親孝行とは親が喜ぶだけなのでしょうか？

この前、母の日のサプライズを準備しました。プレゼントを内緒で買い、お父さんと協力して手紙を書いたり、しゃべる練習をしたり、色々とシミュレーションをしたりして、母の日、本番を迎えました。お母さんはびっくりして、とても笑顔になって喜んでいました。大成功です！　お母さんの喜んでいる姿を見て、私もうれしくなりました。

両親の喜ぶ事をすると、両親は嬉しい気持ちになり、その喜んでいる姿を見て、私も嬉しくなる、これを、私は、「愛の循環」と名付けました。

親孝行は親が喜ぶだけでなく、愛が循環し、私も喜べるのです。

この循環がいつまでも続けられるよう、親孝行していきたいです。

コソコソでも

小学六年生　今井 柚希

私はいつもたいていのことをお母さんにやってもらっています。たとえばせんたく、料理、そうじなどいつも当たり前のようにしてもらっています。当たり前じゃないんだろうけど毎日やってもらっているとそう感じてしまいます。

けど、やっぱりお母さんも人なのでやりたくないこともあるし、つかれる時はつかれます。そういう時、私がささえてあげれば、お母さんもきっと喜ぶと思うのですが、私はいつも言われたことしかやらないし、言われたこともすぐわすれてしまいます。最近は少しずつせんたく物などをとりこんだり、たたんだりしているのですが、そういうことが親に知られるのはなんだかはずかしいので、なんとなくコソコソしています。「私がやった」というのもアレだし、そんなことあとから言っても信じないと思います。

なので、なんだか自然にひみつにしてしまいます。でも知られようが知られまいが、お母さんのやることが減るのに変わりないので、そういうたいしたことないことでもコツコツ増やしていってお母さんの負たんがちょっとでもへったらいいと思っています。

はずかしがりでなぜかプライドが高い私はぜったいそんなことを直接言わないと思いますけど。自分の性格にいや気がさしますが、これからもコソコソでいいからお手伝いをしていこうと思います。お母さん、いつもありがとう。いつかちゃんと直接言えられたらいいな、と思います。ありがとう。

おとうさんとおかあさん

小学六年生　八瀬　新大

いつもお父さんは仕事で、お母さんはいつも家のことをしてくれています。

もしお父さんかお母さんのどちらかが欠けたら、家はすごいことになると思います。だから、毎日これがあたり前だと思うのではなく、毎日感謝することが大切だと思いました。

だからといって、親ばかりにすべて任せるのではなく、自分でできることはやろうと思いました。

毎日、おたがい助け合って、感謝していこうと思います。また、その感謝の仕方は何か考えました。

ぼくは、サッカーをしているけど、サッカーの中の、何で伝えられるか、考えました。

サッカーは、親たち、グランド、サッカーに関わる人、すべての人のおかげでできているので、何で伝えられるか、それは、試合で勝つことで伝えられると思いました。

この間、サッカーの大会があったけれど、そのときに、自分たちがサッカーをするのにいつもサポートしてくれている、お母さんたちを喜ばせてあげたいと思って試合にいどんだら、優勝することができました。やっぱり感謝とか、気持ちの力ってすごいなと思いました。

これからは、サッカーでも感謝の気持ちを持って、はげんでいこうと思います。

親への感謝の手紙

小学六年生　大橋 祈子

お母さん、お父さん、いつも私を支えてくれてありがとう。お母さん、お父さんはいつもたくさんの愛をくれました。いつもてきとうに流しているけど、よくよく考えると、内心はすごくうれしいかったです。5年生になってから、お母さんもパートを始めて、朝親がいないことが多くなりました。それでも、私のために、朝ご飯のパンを買ってくれたり、仕事がない日、仕事に行くのがおそい日は、朝ご飯を作ってくれます。あまり少ないですが、その分すごく幸せです。お父さんは、朝5時に用事で仕事場に行き、朝の7時過ぎにもう一度家にもどって、食器を洗って、家で少し仕事をし、仕事をしに行きます。いつも「いってきます」と言うと、ねてても「いってらっしゃい。気をつけて」と返してくれます。私はそれを聞くのが本当に好きです。私は、家に帰ると親がいないことが多いです。

私は、6年生になってから、おなかがすきやすくなりました。お母さんは仕事が終わって帰ってすぐばんご飯を作ってくれます。本当にありがとう。お父さんは、最近早く仕事を終わらせて帰ります。いつもお父さんとは、テレビをいっしょに見ています。テレビに知らない言葉が出た時や、気になった言葉があった時、いつも分かりやすく教えてくれます。お父さんのおかげで、いろんなことを知れます。本当にありがとう。お父さん、お母さんは、私の幸せの花の種です。たまにけんかしたり、ふんいきがモヤモヤしたりすることも多いけど、すぐにまた自然になかよくなっています。

これが私の家族の良いところだと思います。でも、お父さんとお母さんのきらいなところもあります。いつも仕事で毎日大変なのに、お母さんは、家に帰っても、色んな勉強をズームでたて続けにやったりすることも多くなりました。絶対大変なのにそれでも夜10時ぐらいまでやります。お父さんは、夜おそくまで、パソコンをして、仕事しています。しかも、最近お父さんは、出張に行くことが多くなりました。帰って1週~2週あたりで仕事でまたすぐ、行ってしまいます。私はもっと2人に体を休めてほしいです。私はいっつも、お父さん、お母さんに支えられています。だからこそ2人には、もっと自分の体を大事にしてほしいです。

私は、いつもお父さん、お母さんが向けてくれる笑顔、大好きです。だからこそ、つかれて無理をしている笑顔ではなく、幸せいっぱいな笑顔が見たいです。お父さんとお母さんが、私の生きる理由です。もう、あまり、ありがとうと言わなくなったけど、お父さんとお母さんずっと今までありがとう。そして、大好きだよ。

パパ・ママいつもありがとう

小学二年生　横川　興世

愛してくれてありがとう。
病院に連れて行ってくれて、薬をもらって飲ませてくれて、うれしい。
理由は、薬を飲ませてくれて病気が治ったから、うれしい。
ご飯おいしかった。一番おいしかったのは、炊き込みご飯です。
理由は、野菜の味がいろいろ混ざって美味しかったです。
好きな物を買ってくれてありがとう。
パパがんばってくれてありがとう。
欲しい物にお金がたりなかったけど、少し出してくれて嬉しかったです。
パパ、ママ、おにいちゃん、ありがとう。
一緒にゲームで遊んでくれてありがとう。
ママありがとう。

ロマンスカーミュージアムに連れて行ってくれてありがとう。
あのロマンスカーのメダルを買ってくれてありがとう。
僕は、将来、神様の願う幸せな国をつくりたいです。
そのためにもっと地球のことを知りたいです。
パパとママ、これからよろしくお願いします。

たいせつなやさしさのあるパパ

小学二年生　並木　誠円

ぼくはパパがすきです。さんぽにいったとき、かめをみつけました。そのときぼくはかめをかいたいとパパにいいました。そしてパパはかめをかってもいいといってくれました。

パパはものしりです。ぼくがしらないことばかりしっています。パパはいつもしっかりしたかおをして、しごとをしたりそうじをおしえてくれたり、いつもしんけんです。ぼくはパパのすきなところはまだまだいっぱいあります。

ぼくはパパみたいにたくましく、こころづよくゆうきのあるひとになってみせます。これがぼくのゆめでもあります。

ぼくのパパとママ

小学二年生　瀬谷 啓斗

ぼくのパパはいつもあそんでくれます。がっこうからかえったらあそんでくれます。サッカーやじてんしゃレースをしてくれます。しごとでつかれているのに、まいにちあそびにつきあってくれます。とてもかんしゃです。ありがたいです。いつまでもからだをだいじにしてげんきにしてほしいです。

ママはいっしょうけんめいしごとをしています。そしてぼくたちのごはんをつくってくれます。たまにさぼることもありますが、ぼくたちみんなのからだをかんがえて、えいようバランスもかんがえています。とてもかんしゃです。よくつくってくれます。おいしいのでかんしゃです。ふたりともだいすきです。これからもげんきにあそんだり、りょこうにいったりしたいです。そしてぼくがおおきくなっておかねもちになっておやこうこうしたいです。

お父さん、お母さんありがとう

小学三年生　松本 貫馳

パパへ。いつも貫馳（カンジ）に1日1回は、しかったりしているよね。しかったりしていない日もあるけれど、貫馳は、「ふん！」とか言っていたけど、心の中で「なんかごめんね。しかってくれてありがとう」と思っていた。貫馳は、さいしょはしかってくれたことになにをかんしゃしているのかが分からなかった。貫馳は、でも、どう画を見ている時たまたま、そのい味が分かるどう画が出てきた。見てみたら、どう画で「しかるというい味は、子どものために、しかっている」と、言っていた。

そこで貫馳は、しかられているさい中に、こう思うようになった。

「パパは貫馳のためにしかってくれていたんだなぁ」と。ありがとう。

ママへ。いつも貫馳にやさしくしてくれてありがとう。いつもは、やさしいけれど、本当に、わるいことをしたら、ちょっとこわい。

でも、しかってもママは、すごく家ぞくにやさしくて、貫馳はそんなママが大すきだ。ママはいつもかじや、貫馳たちのせわで、すごく大へん。

でもママのえ顔を見ると、ママが楽しいと思っていると、あんしんします。でもぎゃくにママがすごく考えていたり、つかれていたりすると貫馳は、めちゃくちゃいやだ。なので見かけたらこう言う。

「だいじょうぶ？　1回ねたほうがいいんじゃない？」と。

ママはいつもいるので学校から帰ったら、

「おかえりー」って言ってくれる。そんなママを社会に出たらバイトをがんばって、ママの少しでもささえになると、いいなと貫馳は思う。これからは、べん強をして、早く、社会人になってママを少しでもささえたいと思う。

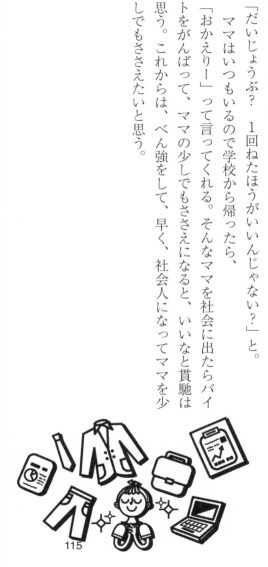

おかあさんとおとうさんへ

小学三年生　正村 陽愛

いつもおかあさん、おとうさんわたしたちのためにがんばってしごとをしてくれてありがとう。

休みのときいっしょにじてん車あそびをしてくれてうれしいです。そのおかげでじてん車がのれるようになりました。毎朝、おとうさんとおかあさんが、ハグをしてくれるのですごく愛をかんじます。おとうさんとおかあさんの子どもでよかったです。もう一ど生まれかわってもおとうさんとおかあさんの子で生まれたいです。おとうさんとおかあさんはわたしのことを気づかってくれます。

3年生になり、自由下校がはじまり、友だちに「いっしょに帰ろう」と言っても、うまくいかず、男の子と帰っていました。

声をかけつづけることで、友だちから「いっしょに帰ろう」とさそわれるようになりました。お父さんたちのように、自分から声をかけることで、よろこびがかえってくるのだとかんじました。

日ごろの感しゃ

小学四年生　山本 ゆき

私は食べるのが好きです。母みたいに料理が上手になりたいけれど、母は、「自分でやった方が早いから」と、ふだんは手伝えるチャンスが少ないです。だけどうさぎかまぼこやねじりこんにゃく、市松もようのりんごとか、かざり切りを出してくれて「やってみたら」と言う日もあって、知らない事をたくさん知れて楽しいです。

最近、はじめて聞きましたが、母はしょうらいのだんなさんにおいしい物を食べさせてあげたいと思って、小さいころから料理を続けてきたそうです。

この間は父となべを作った時、えのきやしいたけを切らせてくれました。

後で母が「えのきのじくはあと一センチ食べられる、もったいない」と言ったけど父は「まあまあ、それを言わんで」と言い、私がやった事をほめてくれてうれしかったです。

ふだんから料理の手伝いができる様に宿題や自分のじゅんびをすませておく事をがんばります。

私も料理が上手になって母みたいに家族においしい物を食べさせてあげたいです。

お父さんお母さん心からありがとう。

お母さんいつもありがとう

小学四年生　山本　湊太

お母さんへ、ぼくの習い事の送りむかえをしてくれてありがとうございます。
ぼくは、習い事を４つしています。その中で全部お母さんが送り迎えをしてくれます。
おかげで習い事ができて習い事が楽しくできます。
習い事の話をして、
「今日はどうだった?」と言われ、
「集中して点数をとれた」と言ったら、
「その調子でがんばって」と言ってくれます。

そろばんで練習していると、分からないところをおしえてくれます。
前にそろばんのしけんをうけて、今けっかをまっていて、合かくしたらありがとうと言いたいです。

バスケットでは、にがてな左ドリブルを教えてくれます。ありがとう。

今度バスケットの合宿があります。連れて行ってくれるとうれしいです。合宿のおべんとうも「がんばって」という気もちがあっておいしいです。

お母さんへ、ぼくはバスケット選手を目ざしています。バスケットの練習をがんばります。

「孝道作文コンクール」募集要項

【1】テーマ

「親への感謝の手紙」、「親孝行」に関すること

【2】部　門

①小学生の部（日本語、中国語）
②中高生の部（日本語、中国語）
③大学生及び一般の部（日本語、中国語）

【3】規　定

①小学生の部は、４００字程度
②中高生の部は、８００字程度
③大学生及び一般の部は、８００字程度
※応募作品には、題名・学校名・学年（作文制作時）・氏名を明記してください
※一般の部は、学校名学年に代えて職業をご記入ください
（例）主婦など
※電子データによる応募も可能です

【4】応募方法　①メール　kodobunka@gmail.com
②郵　送　〒150−0043　東京都渋谷区道玄坂
2丁目15番1号　ノア道玄坂215号室
一般財団法人　孝道文化財団　宛

【5】応募受付　随時

【6】審　査　本財団の作文審査委員会による厳正な審査を実施

【7】発表・表彰　年1回開催する「孝道文化大会」にて入賞者を発表
※優秀な作品には、賞状、副賞と奨学金を授与します
※表彰式にて、一部入賞者の作品紹介と朗読があります

【8】主　催　一般財団法人　孝道文化財団

【9】その他

①応募作品は未発表のものに限ります
②応募作品の著作権は主催者に帰属します
③表彰作品は厳選の上、後日、主催者発行の『孝道作文選集』に掲載し、出版する予定です
④作品中の個人情報・プライバシーに関して、主催者は一切の責任を負いません
⑤表彰作品を選集に掲載する際、表記統一など主催者の判断で修正させていただくほか、氏名と学年を掲載します

「孝道作文コンクール」募集要項

一般財団法人孝道文化財団　～孝道の振興で世界に光を～

一般財団法人孝道文化財団は、華人文化に淵源を持ち人類共通の価値である孝道の実践を通じて、個人の人格完成、幸せな家庭づくり、豊かで平和な社会の実現による社会貢献を目的として設立されました。

孝道作文コンクールの開催、コンクール入選優秀者に対する孝道奨学金の授与、孝道奨学生とそのご家族、有志を対象とした孝道オンライン交流会のほか、孝道の振興にかかわる各種行事を開催しています。

本財団の活動の趣旨にご賛同いただける皆様からのご支援・ご協力を心からお願い申し上げます。

孝道作文選集　第二集

2024年2月20日　初版発行

編　者　一般財団法人 孝道文化財団
発行人　山本洋之

発行所　株式会社 創藝社
〒1620－0023 東京都新宿区西新宿 7-3-10　21 山京ビル504号室
電話（050）3697－3347　FAX（03）4243－3760

印　刷　中央精版印刷 株式会社
イラスト　劉 情音
デザイン　合同会社スマイルファクトリー

※落丁・乱丁はお取り替えいたします。
※定価はカバーに表示してあります。

ISBN978－4－88144－271－5　C0037